Mit Bilderbüchern wächst man besser

Nicola Bardola, Stefan Hauck,
Mladen Jandrlic, Susanna Wengeler

Mit Bilderbüchern wächst man besser

Thienemann

Inhaltsverzeichnis

Vorwort ... 7

Ein Bilderbuch ist das Tor zur weiten Welt des Lesens ... 9
Warum Bilderbücher die Basis von Sprach- und Lesekompetenz bilden

Ein Bilderbuch ist eine Entdeckungsreise inmitten bunter Bilder ... 27
Wie Bilderbücher den Blick schulen und an Kunst heranführen

Ein Bilderbuch ist wie eine Kiste voller Spielideen ... 49
Wie aus Bilderbüchern eigene Kunstwerke und Spiele entstehen

Ein Bilderbuch kann man hundertmal lesen. Und dann noch mal ... 67
Warum Bilderbücher nie langweilig werden

Ein Bilderbuch lädt dazu ein, die Welt zu begreifen ... 81
Wie Bilderbücher aufs Leben vorbereiten

Ein Bilderbuch macht Lust, sich eigene Geschichten auszudenken ... 93
Wie Bilderbücher die Fantasie beflügeln

Ein Bilderbuch ist mit Liebe gemacht und hält ein ganzes Leben lang ... 103
Wie Bilderbücher entstehen

Ein Bilderbuch kann man sich vorlesen lassen. Das ist das Schönste! ... 115
Wie sich mit Bilderbüchern ganz besondere Momente erleben lassen

Und später kann man es selber lesen ... 125
Warum Bilderbücher ein guter Einstieg für Leseanfänger sind

Anhang ... 139

Warum man mit Bilderbüchern besser wächst

Vorwort der Autoren

»Nachts, im Mondschein, lag auf einem Blatt ein kleines Ei.«
Weckt dieser Satz Erinnerungen in Ihnen? So beginnt »Die kleine Raupe Nimmersatt«, ein Bilderbuch von Eric Carle, das wohl viele von uns durch die Kindheit begleitet hat. Ein Bilderbuch, das viele von uns heute ihren Kindern vorlesen, denn es ist eine Geschichte, die uns immer wieder staunen lässt: Aus der kleinen Raupe, die sich die ganze Welt einzuverleiben scheint, wird am Ende ein leuchtend bunter, wunderschöner Schmetterling.

Bilderbücher gehören nicht zur Nahrung des kleinen, grünen Tieres. Für Kinder jedoch sind Bilderbücher ein wichtiger Nährstoff, um zu wachsen. Sie greifen zunächst nach Stoff- und Pappbilderbüchern – und tasten, juchzen und lutschen sich von Seite zu Seite. Dann beginnen sie, Bilder zu lesen, erste Wörter zu formen, Sätze zu bilden, eine ganze Geschichte zu begreifen.
Später erzählen sie die Geschichte selbst, vielleicht ganz anders, als sie im Buche steht. Sie vergleichen Gelesenes mit Erlebtem und wachsen weiter. Sie verpuppen sich gemeinsam mit dem Vorleser in einem ganz besonderen Kokon aus Geborgenheit, denn Bilderbücher sind wertvolle Auszeiten im hektischen Alltag. Und schließlich setzen Kinder an zu eigenen Gedankenflügen – kraft ihrer Fantasie, der Bilderbücher immer wieder neue Nahrung geben.

Seit »Die kleine Raupe Nimmersatt« vor 40 Jahren erschien, hat sich die Bilderbuch-Landschaft enorm entwickelt und verändert. Den Überblick zu behalten fällt schwer. Deshalb haben wir für Sie Bilderbücher ausgewählt. Bücher, die Kinder bei unterschiedlichen Entwicklungsschritten begleiten können – und die erwachsenen Vorlesern ebenso viel Spaß bereiten. Weil diese Bilderbücher mehr als nur eine Geschichte erzählen. Sie eröffnen Möglichkeiten, bieten Raum für eigene Kreativität, fordern und fördern eigenes Denken, setzen Gespräche in Gang.
Wir haben diese Bilderbücher gemeinsam diskutiert. Wir haben sie in vielen Interviews mit Experten aus der Praxis hinterfragt: mit Erziehern, Psychologen, Buchhändlern und Verlegern. Wir haben diese Bilderbücher mit Kindern gelesen. Und wir haben unglaublich viel gelernt.
Wir wünschen Ihnen »Guten Appetit« bei einem Bilderbuchmenü, von dem Sie hoffentlich niemals satt werden.

Ein Bilderbuch ist das Tor zur weiten Welt des Lesens

Warum Bilderbücher die Basis von Sprach- und Lesekompetenz bilden

»Als ich auf die Welt kam, war die Welt schon da.« Einfacher und prägnanter als Jürg Schubiger kann man es nicht ausdrücken: Ein Mensch kommt zur Welt, beginnt sie sich zu erschließen, zunächst mit Ohren, Nase, Augen, Mund und Händen, dann krabbelnd, laufend und sprechend. Eine kleine Empörung mag da sein, weil die anderen einfach ohne einen angefangen haben, aber umso deutlicher ist der Wille, aufzuschließen und groß zu werden. Aus der Flut von Reizen, Beobachtungen und gehörten Wörtern filtert das Kind diejenigen heraus, die es für wichtig erachtet. Und das sind überwiegend solche Fakten und Bilder, die in Zusammenhang mit früheren Erfahrungen stehen.

Kennt ein Kind ein Zebra aus dem Bilderbuch, wird es auf ein Stoffzebra oder ein lebendiges Zebra im Zoo ganz anders reagieren können. »Bewusstseinsinhalte werden umso effektiver im Gedächtnis niedergelegt, je anschlussfähiger sie sind, also je mehr Vorwissen vorhanden ist«, erklärt der Bremer Hirnforscher Gerhard Roth. Zudem prägt sich Neues stets stärker ein, wenn es mit positiven Gefühlen verbunden ist. Auf diese Weise werden leicht Zusammenhänge und Regeln erkannt. So nimmt unser Gehirn Wissen selektiv auf – durchschnittlich behalten auch wir Erwachsenen nur rund 20 Prozent von dem, was wir hören, und 30 Prozent von dem, was wir sehen.

Manfred Spitzer, Ärztlicher Direktor der Psychiatrischen Universitätsklinik und Leiter des Transferzentrums für Neurowissenschaften und Lernen in Ulm, hält einen sehr anschaulichen Vergleich bereit: »Neue Informationen bewegen sich im Gehirn auf Spuren, die man sich bildlich als Trampelpfade vorstellen kann. Je mehr eigene Erfahrungen ein Kind macht, desto schneller werden die Trampelpfade zu Straßen und schließlich zu Autobahnen ausgebaut und somit Informationen schneller und leichter verarbeitet.«

Das alles geht in der Entwicklung des Kindes rasend schnell: Am Ende des sechsten Lebensmonats, wenn das Auge vollständig entwickelt ist, beginnt bereits das »Lesenlernen« durch Wiedererkennen, Zeigen und Wiederholungen. Denn zuallererst nehmen die Babys Bilder wahr, dann werden aus Bildern Worte, später aus Worten Geschichten. Und wer mit Sprache umgehen kann, in Möglichkeiten denkt und sie in Geschichten durchspielt, der wird sich besser zurechtfinden in der Welt.

Bilderbücher gibt es bereits für die Kleinsten: Stoffleporellos, Fingerpuppenbücher, Badebücher, Pappbilderbücher – und für unterwegs die praktischen Buggybücher, die dank eines Befestigungsbands nicht verloren gehen. Auch wenn die schlichten Illustrationen das ästhetische Empfinden vieler Erwachsener aufgrund ihrer Buntheit und scheinbaren Banalität nicht unbedingt entzücken: Einem Baby bieten sie Orientierung, gerade weil sie so einfach sind. Für ein Kleinkind, das noch nicht so ein riesengroßes Archiv an gesehenen Bildern im Kopf hat, ist alles neu.

Bis das Kind greifen gelernt hat, sind weiche Stoffbilderbücher ideal. In einigen ist in der ersten Seite ein Seidenpapier eingenäht, das raschelt und knistert, wenn das Baby danach greift und so zusätzlich zur visuellen Neugier auch einen akustischen Reiz auslöst. Dazu kommt noch die weiche Haptik des Stoffs – all das ermöglicht ein erstes sinnliches Erfassen von Büchern. Babys können danach greifen, können aufgestickte Figuren abtasten, sie können an den Stoffbuchecken lutschen und mit dem Buch kuscheln.

Anschließend eignen sich bis etwa zum 30. Monat Bilderbücher aus robuster Pappe am besten. Sie sind von der Form her stabil, bleiben stehen, können herumgeworfen werden, halten intensives Nuckeln und Lutschen aus, sind speichel- und schweißecht. In diesen häufig zwölf Seiten umfassenden Elementarbilderbüchern werden meist einzelne Gegenstände, Kleider, Spielzeug, Nahrungsmittel, Tiere, Personen etc. aus der Alltagsumgebung des Kindes statisch dargestellt. Sie sollten bereits Bekanntes so zeigen, dass das Kind beim Übertragen der dreidimensionalen Figur in den zweidimensionalen Raum einer Seite nicht noch zusätzlich abstrahieren muss. So wie die Erwachsenen in seiner Umgebung will das Kind das Buch selbst lesen können. Und es kann lesen, da Lesen auch das Dechiffrieren von Zeichen bedeutet.

Das Baby will das Dargestellte wiedererkennen und mit Lauten und Worten begleiten, später versteht es schon kleine Zusammenhänge. Wenn der Erwachsene etwa bei einem Fingerpuppenbuch seine Hand in den Kopf eines Stoff-Froschs, Marienkäfers, Schmetterlings etc. steckt und nach rechts und links, oben und unten bewegt, während sich das Umfeld durch Umblättern der Seiten verändert, werden für das Kleinkind schon eine Veränderung, eine Geschichte erfahrbar, auch wenn es den einfachen Text noch nicht verstehen kann. Es begreift aber, dass beispielsweise »Florian, der Frosch« im Teich, von Seerosenblatt zu Seerosenblatt hüpfend, unterschiedliche Tiere trifft, die alle ganz anders als er aussehen: einen Goldfisch, einen Molch, eine Grille ... Erst später wird das Kind verstehen, dass sich Florian schon zu Beginn der Geschichte eine gute Freundin wünscht, auf die er am Ende in Gestalt des Froschmädchens Frida trifft.

FLORIAN, DER FROSCH

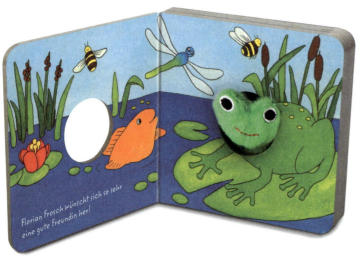

Neugierde auf die Welt

Babys erkennen zunehmend, dass aus der dreidimensionalen Welt des Alltags im Buch eine zweidimensionale, fiktionale Welt wird. Sie speichern Wortklänge im Gedächtnis und formen im Alter von einem Jahr aus Lauten allmählich Wörter. Mit etwa zwei Jahren interessieren sich Kinder für kleine Geschichten, die sie miterleben und bei denen sie mitmachen können. In Szenenbilderbüchern werden einzelne Gegenstände, Kleider, Spielzeug, Nahrungsmittel, Tiere, Personen etc. in eine leicht nachvollziehbare Szene eingebaut. Die Bilder sind nicht mehr statisch; das Kind sieht, wie die einzelnen Bilder mit einem Text mit kurzen Sätzen hintereinander einen Zusammenhang und damit eine Geschichte ergeben. So lernt es auch, wie bei Eric Carles Klassiker »Die kleine Raupe Nimmersatt« (s.a. S. 54 f.), chronologische Verläufe und ein Gefühl für Zeit kennen. Oder es kann bei »Sieh mal! Hör mal! Mein Wald« auf Pappbilderbuchseiten den Wald quer durch die Jahreszeiten zum einen visuell entdecken, zum anderen durch die beiliegende CD mit Tierstimmen und Geräuschen auch akustisch erleben. Da das Buch textlos ist, lädt es zum gemeinsamen Betrachten, Fragenstellen und Nachdenken ein.

In dieser Entwicklungsphase wird die kleine Gute-Nacht-Geschichte als allabendliches Ritual immer wichtiger. Besonders geeignet sind Bücher mit kleinen einprägsamen Versen. Sie können dem Kind vor dem Einschlafen helfen, sich zu entspannen und in die Nacht überzugleiten.

Etwa ab zwei Jahren kann das Kleinkind gemeinsam mit einem Vorleser Anna-Clara Tidholms »Klopf an!« betrachten. Das Buch mit leuchtend warmen, aber keineswegs grellen Farben ist in Wirklichkeit ein Haus: Wir schlagen das Buch auf und stehen vor einer Tür. Was mag wohl dahinter sein? Wir klopfen an, blättern um. Hinter der roten Tür sitzen sieben Kaninchen und essen Mohrrüben, hinter der grünen Tür – anklopfen, umblättern – machen vier Affen Quatsch. So geht es weiter, bis zur letzten, der blauen Tür. Dahinter: ein Weg, der im Mondschein in die Ferne führt; der Betrachter hat schon das Haus verlassen. Beim wiederholten Lesen ist das Klopfen das Signal für Kinder, dass sie ihr neu erworbenes Wissen über das, was hinter dieser Tür ist, erzählen – Lernen aus Lust macht Spaß.

Die Neugierde auf die Welt lässt sich auch mit dem kleinen Hasen in Franziska Lorenz' Pappbilderbuch »Zu groß, zu klein« unmittelbar

Und jetzt die grüne Tür.
Klopf, klopf!

KLOPF AN!

miterleben. Seine Eltern sind zu müde, er ist zu wach – also macht er sich auf den Weg über einen zu breiten Fluss und steht vor einem zu schmalen Durchschlupf eines Gatters. Franziska Lorenz zeigt Gegensatzpaare, mit denen sich die Welt leichter einschätzen lässt. Ihre klar strukturierten Bilder eröffnen Assoziationsspiele: Was ist noch zu heiß, was zu kalt? Ein Wortspiel am Ende rundet den Ausflug des Hasen ab: »Zu Mama und Papa« heißt es auf der letzten Doppelseite. Aha, das Wörtchen »zu« hat also noch eine andere Bedeutung.

»Buddenbrooks« für Kinder

Sehr viel komplexer und trotzdem bereits früh einsetzbar sind die Wimmelbilderbücher von Rotraut Susanne Berner. »Da!«, lautet der begeisterte Ausruf von 18 Monate alten Kindern, wenn sie die Katze, die schwarz gewandeten Nonnen oder den Raben auf den einzelnen Seiten wiedererkennen. Dreieinhalbjährige entdecken Beziehungen zwischen verschiedenen Figuren, bemerken Zusammenhänge, filtern Gedanken- und Handlungsstränge heraus und erkennen dadurch kleine Geschichten. Die Münchner Illustratorin hat fünf großformatige Pappbilderbücher entwickelt, in denen sie über das Leben in Wimmlingen erzählt.

Beginnend mit dem »Winter-Wimmelbuch« ergeben die vier Jahreszeiten eine Einheit, die durch das »Nacht-Wimmelbuch« ergänzt wird. Ganz ohne Worte werden die unterschiedlichsten Geschichten erzählt, es entstehen Beziehungen zwischen 82 einzelnen, deutlich wiedererkennbar gezeichneten Personen, die nicht nur innerhalb eines Bandes fortgeführt werden (eine Radfahrerin verliert ihre Mütze, kauft im Geschäft eine neue etc.), sondern sich darüber hinaus durch alle vier Bände ziehen: Ein Mann rutscht im Frühling auf einer Bananenschale aus, eine Frau ist so nett und klebt ihm ein

KLOPF AN!

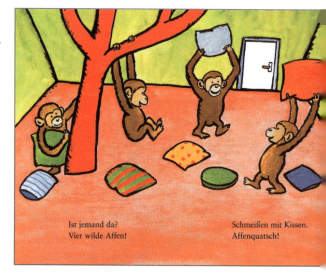

Ist jemand da?
Vier wilde Affen!

Schmeißen mit Kissen.
Affenquatsch!

ZU GROSS, ZU KLEIN

Pflaster aufs Knie. Sie begleitet ihn ins Kaufhaus, um eine neue Hose zu kaufen, da die alte einen großen Riss hat. Anschließend plaudern sie auf einer Parkbank. Im Sommer joggen sie gemeinsam, schlecken Eis, halten Händchen, ein großes Luftballonherz schwebt über ihnen. Im Herbst suchen sie sich verzweifelt per Handy quer durch das Buch. Der kindliche Betrachter kann hier die Stationen einer zwischenmenschlichen Beziehung mitverfolgen – im »Winter-Wimmelbuch« hatten sich beide noch gar nicht beachtet, er war an ihr vorbeigerannt. Auch andere Situationen entwickeln und verändern sich von Band zu Band: Beispielsweise wächst der Kindergarten von der Baugrube im Winter bis zur Eröffnung im Sommer.

Berner erzeugt mit Details Spannung: Der winzige, ratlos dreinblickende Rabe mit einem Liebesbrief im Schnabel macht neugierig: Zu wem gehört er? Er fliegt und erreicht den Radfahrer, der im Band zuvor ein Mädchen kennengelernt hat – das er jetzt küsst. Die Ereignisse werden nicht nur vorwärts, sondern auch rückwärts gelesen: Erst wenn man entdeckt hat, dass der Jogger auf einer Bananenschale ausgerutscht ist, geht man zurück und sucht – tatsächlich, da hat ein Mädchen doch vorher eine Banane gegessen.

Das Prinzip ist durchgängig: »Jedes Ereignis hat eine Ursache«, und es macht Spaß, diese Ursache herauszufinden. Die Geschichten spielen sich im Verlauf einer Stunde ab; alle zwei Doppelseiten vergeht eine Viertelstunde.

So erleben Kinder spielerisch ganz ohne Text die Komplexität literarischer Welten. Berners Wimmelbücher sind »Buddenbrooks« für Kleine. Und sie lesen autonom vier Bücher.

Das, was für jedes Bilderbuch gilt, zeigt sich hier par exellence: Ein Bilderbuch zwingt keine Geschwindigkeit auf. Mehr noch: Das Kind kann selbst das Tempo bestimmen. Wahrnehmen, begreifen, zurückgehen, weiterblättern, nach-

FRÜHLINGS-WIMMELBUCH

denken – je komplexer das Bild, umso anspruchsvoller ist das Entdecken.

Zudem lieben Kinder in diesem Alter Wiederholungen (»Noch mal, noch mal«). Diese Wiederholungen stellen ein wichtiges Moment in der kindlichen Entwicklung dar: Das Kind merkt, dass Erlebnisse im Alltag sowohl wiederholt als auch korrigiert werden können. Und sie sind stolz, Gewusstes zu zeigen, wofür Moni Ports »Das kenn ich schon« ideal ist.

Bei Wimmelbilderbüchern sind Kinder völlig gleichberechtigte Betrachter – für gewöhnlich haben Erwachsene ja durch die Fähigkeit des Lesens und durch die Kenntnis des Textes stets einen Wissensvorsprung. Bei den textlosen Wimmelbilderbüchern entdecken Kinder und Erwachsene gleichzeitig, und da Kinder viel, viel besser als wir Bilder »lesen« können – sie kennen ja noch keine Schrift, das genaue Hinsehen ist also ihr ureigenstes Metier –, stoßen sie fast immer schneller auf Darstellungen, aus denen sie Ereignisse zusammenstellen können. Vielmehr haben Erwachsene oft das Problem, dass sie Texte in Bilderbüchern haben wollen, weil sie sich kaum in der Lage sehen, selbst Texte und Geschichten zu Bildern zu erfinden.

Eigene Gefühle benennen

Ab drei Jahren können Kinder zunehmend differenziert Gefühle wahrnehmen und auch mit abstrakten Begriffen wie Spaß, Angst, Glück, Verlust, Liebe, Schreck etwas anfangen. Dafür eignen sich klassische Themenbilderbücher. Anlassbezogene Geschichten über Streit, Eifersucht, die erste Schwester, aufs Töpfchen gehen und gemeinsam etwas erreichen werden in zahlreichen Büchern behandelt.

Kinder beginnen, sich mit den Helden der Geschichte zu identifizieren, sie erkennen Handlungsmuster aus ihrem Alltag wieder. Beliebt sind Tierfiguren: Hasen, Katzen, Hunde, Frösche. Denn sie sind aus der Perspektive des kindlichen Betrachters ebenso klein wie er – spannend also zu sehen, wie der kleine Hase ein Abenteuer meistert. Wer sich über Sprache differenziert mitzuteilen versteht, kann harmonischer mit anderen kommunizieren. Wer nicht sagen kann, dass er gerne mit dem roten Bagger spielen mag, wird lauernd daneben stehen oder ihn einfach nehmen, was zu Unverständnis beim Gegenüber führen kann. Wer sich verbal auseinanderzusetzen vermag, muss nicht sprachlos agieren. Das Wahrnehmen der eigenen Gefühle ist ein entscheidender Baustein bei der Bewältigung des Alltags. Dabei ermöglicht der ständig wachsende Wortschatz, die eigenen Gefühle zu benennen und Bedürfnisse mitzuteilen.

Schüchternen Kindern können Bilderbuchfiguren zeigen, wie sie bestimmte Situationen angehen können, und ebenso sind wütende, zornige, launische Helden Identifikationsfiguren für die Betrachter und helfen, Gefühle einzuordnen. Auch beim Umgang mit Trauer und Einsamkeit zeigen Bilder Möglichkeiten zur Kommunikation und Bewältigung; insbeson-

WO DIE WILDEN KERLE WOHNEN

und machten ihn zum König aller wilden Kerle.   »Und jetzt«, rief Max, »machen wir Krach!«

dere die Leerstellen im Bild können entscheidende Impulse geben.

Mit dem Eintritt in den Kindergarten werden auch Themen über den Familienalltag hinaus relevant. Jetzt dürfen es komplexere Geschichten mit verschiedenen Handlungsebenen und Erzählsträngen sein wie in Maurice Sendaks Klassiker »Wo die wilden Kerle wohnen«, wo ein kleiner Junge trotzig gegen die Mutter rebelliert und sich im Traum gegen wilde Monster behauptet; schließlich ist er selbst noch viel wilder. Beliebt sind Tiergeschichten und Märchenstoffe. Die Bilderbuchgeschichten haben längere Sätze und schöpfen aus einem größeren Wortschatz, der Text macht im Durchschnitt ein Drittel der Seiten aus. Reime, von Kindern heiß geliebt, fördern das Bewusstsein für Sprache und wecken Kreativität.

Bilderbücher sind Anlässe zum Reden

Beim wiederholten Vorlesen wird der Sprachschatz des Kindes erweitert. Es erkennt, dass die Figuren Entwicklungen durchmachen, dass bestimmte Handlungen bestimmte Folgen nach sich ziehen können, aber nicht unbedingt müssen, dass dieselben Geschichtenanfänge unterschiedlich ausgehen können, dass Figuren ihr Handeln (nicht nur scheinbar falsche Entscheidungen) immer wieder korrigieren können und dass es oft überraschende Wendungen geben kann.

Vor allem die beliebten »Warum?«-Fragen bringen nun die Erwachsenen oft zur Verzweiflung – Bilderbücher helfen bei der Beantwortung und erweitern in vielen Fällen auch das Wissen der Erwachsenen. Denn im Bilderbuch werden Erfahrungshorizonte angesprochen, die dem Kind im Alltag zu hypothetisch erscheinen würden. Anhand des Buchs lernt es auch zu abstrahieren. Bei der Auswahl der Lektüre sollte man Kinder jetzt unbedingt mitentscheiden lassen, wenn man sich auf den Weg in die Buchhandlung und Bücherei macht.

Mit vier Jahren leben Kinder in der magischen Phase, kennen keine Distanz und können sich sofort auf das Fantastische, Irreale einlassen. Sie erkennen Gefühle, empfinden Stimmungen, können über ein ernstes Thema leichter reden. Bilderbücher können gute Anlässe sein, Empfindungen in Worte zu fassen.

Jens Rassmus' »Der wunderbarste Platz auf der Welt« etwa findet klare Bilder für das Gefühl, nirgendwo willkommen zu sein. Ein Gefühl, das Kinder sowohl in Zusammenhang mit anderen Kindern als auch mit Erwachsenen kennen: Geh' weg, du störst! – Was willst du denn hier? – Ich hab' keine Zeit, geh' jetzt spielen. Für Frosch Boris ist ein saftig grünes Seerosenblatt in einem Teich der wunderbarste Platz auf der Welt, bis er vor einem plötzlich auftauchenden Storch flüchten muss. Um nicht zu vertrocknen, macht er sich auf die Suche nach einem anderen Teich, aber wo immer er sich hinsetzen will – nirgends ist er willkommen.

Die fetten Karpfen sagen, er habe keine Schuppen und solle schleunigst aus ihrem Teich verschwinden. Die Kröten vermissen Warzen an Boris' Froschkörper, die Enten vertreiben ihn mangels eines Schnabels. Den legt er sich mit einem Erbsenschotenblatt zu, mit der fatalen Folge, dass sich eine Ente in ihn verliebt und den Erbsenschotenschnabel beim Küssen abrupft. Boris flieht durch ein Abwasserrohr in eine große Pfütze, wo ihn ein kleiner Molch freundlich willkommen heißt. Endlich!, will der Betrachter denken, aber schon wieder naht der Storch. Den müssen die beiden überlisten und machen sich anschließend auf, um wieder in Boris' alten Teich zurückzukehren. Da rufen nun die anderen Frösche dem neu gewonnenen Freund Molch zu: »Moment mal, das hier ist aber ein Froschteich! Und du bist nicht grün!« »Oh nein, geht das schon wieder los«, stöhnt Boris und erzählt den Fröschen eine Geschichte. Jetzt können die das Bilderbuch betrachtenden Kinder selbst die Geschichte von Boris' ständiger Vertreibung erzählen. Und sie können von Situationen berichten, in denen sie sich selbst unwillkommen gefühlt haben.

Auch das Begreifen von Witz und Humor entwickelt sich mit etwa vier Jahren. Peggy Rathmanns rasante Gute-Nacht-Geschichte »Noch 10 Minuten, dann ab ins Bett« verwandelt das gewöhnliche Zu-Bett-geh-Ritual in ein Abenteuer. Während der Vater »Noch 10 Minuten, dann ab ins Bett« ruft, kommen Unmengen kleiner Hamster in Bussen ins Haus: Unglaublich, was sich nun hinter dem Rücken des Vaters alles tut. Die Hamsterfamilien bestaunen die einzelnen Tätigkeiten des kleinen Jungen:

DER WUNDERBARSTE PLATZ AUF DER WELT

NOCH 10 MINUTEN, DANN AB INS BETT

Zähneputzen, Baden, Umziehen, Bilderbuchanschauen werden zu einer Touristenattraktion, bei der die Hamster fröhlich mitmachen und sich die aberwitzigsten Sachen einfallen lassen. Bis es dem kleinen Jungen irgendwann zu bunt wird: Er will nur noch seine Ruhe haben und schlafen.

In diesem Buch können Kinder stundenlang entdecken, haben aber im Gegensatz zu den meisten Wimmelbilderbüchern eine klare Identifikationsfigur: die des kleinen Jungen.

Wer früh anfängt vorzulesen, macht Kinder mit Geschichten und ihren Strukturen vertraut, gibt ihnen die Möglichkeit, sich einen eigenen Schatz von Geschichten anzueignen, die ebenso den Grundstock von Literatur wie von Wissen bilden. Bilderbücher als erste Lektüre lassen Kinder erkennen, dass Geschichten wertvoll sind und Spaß machen. Je nachdem, ob die in den ersten Lebensjahren angebotenen Bücher ihre Neugier auf die Welt und die Menschen befriedigen oder nicht, werden sie bereits als Vorschulkinder zu Leseratten oder Leseverweigerern. Schriftsteller Peter Härtling hat Kinder als »Weltmeister im Anfangen« bezeichnet, und Bilderbuchautor Heinz Janisch ergänzt: »In diese Anfänge mit hineinzugehen, sie zu beschreiben, zu beschwören, in dieser Zeit der Anfänge trösten zu wollen, Fragen zu stellen, Begleiterin oder Begleiter zu sein – in Wort und Bild –, das ist eine unglaubliche Herausforderung für alle, die Kinderliteratur ernst nehmen. Kinderliteratur ist eine Literatur, die viel Genauigkeit, viel Ernsthaftigkeit braucht. Denn Bücher sind Proviant, und jeder muss für sich entscheiden, welchen Proviant er Kindern mit auf den Weg geben möchte.«

Interview mit Susanne Körber
Wissenschaftliche Dozentin am Lehrstuhl für Entwicklungspsychologie und Pädagogische Psychologie der Ludwig-Maximilian-Universität München

Haben Babys Vorlieben für bestimmte Bilder?
Sie mögen gemusterte Formen, schlichte Ovale und gesichtsähnliche Formen. Je komplexer ein Bild ist, umso lieber schauen sie es sich an. Muster etwa sind sehr komplex.
Allerdings darf auf den Bildern auch kein Informationsüberfluss herrschen – die Badewannenbücher sollten sich auf wenige Motive beschränken.

Müssen Kinder den Umgang mit Bilderbüchern erst erlernen?
Nicht auf dieselbe Art, wie wir unsere Schriftsprache in der Schule lernen. Aber das Bilderbuch ist ein typisches Medium unserer Kultur mit bestimmten Regeln und Konventionen, die das Kind erst mit dem gemeinsamen Bilderbuchanschauen erfährt.
Geben Sie einem anderthalbjährigen Kind etwa ein Bilderbuch verkehrt herum – also so, dass die Bilder auf dem Kopf stehen –, dann wird das ein Kind in diesem Alter nicht stören und es wird auch die Bilder verkehrt herum mit Ihnen anschauen. Ein sechsjähriges Kind hingegen wird das Buch sofort umdrehen. Übrigens sind die Anderthalbjährigen genauso schnell darin, diese auf dem Kopf stehenden Bilder zu identifizieren, als wenn sie die Bilder richtig herum sehen.

Ab wann kann ein Kind denn das Bild von dem realen Objekt unterscheiden?
Neun Monate alte Kinder beispielsweise können das schon, aber sie wissen noch nicht, dass das Bild und der entsprechende reale Gegenstand nur einige Eigenschaften miteinander teilen. Beobachten Sie einmal ein neun Monate altes Kind, wenn Sie ihm das Bild eines realen Gegenstandes geben, etwa von einem Apfel oder einer Milchflasche. Kinder in diesem Alter werden häufig versuchen, den Gegenstand auf dem Bild zu berühren, daran zu reiben; vielleicht werden sie auch versuchen, an der abgebildeten Flasche zu saugen.

Ab wann können Kinder Bilder für neue Handlungen im realen Leben nutzen?
Eine Studie hat gezeigt, dass schon 18 Monate alte Kinder eine Abfolge von Bildern nutzen, um eine Rassel zusammenzubauen; also grob gesagt, nutzen sie die Bilder hier schon als Gebrauchsanleitung. Übrigens können sie bei Farbfotos die Handlungsabfolge leichter nachvollziehen als bei gezeichneten Bildern. Für Zweieinhalbjährige macht das keinen Unterschied mehr.

Bei welchen Entwicklungsschritten kann das Bilderbuch hilfreich sein?
Bei verschiedenen. Eine große Rolle spielen Bilder und Bilderbücher etwa beim Wortschatzerwerb. In den USA wurde beispielsweise eine Studie durchgeführt, bei der anderthalb- bis zweijährigen Kleinkindern immer wieder das Bild eines Schneebesens gezeigt und dazu der Name genannt wurde. Bis dahin war der Schneebesen ein für sie unbekanntes Objekt. Als die Kinder dann gebeten wurden, aus dem Bild und dem realen Objekt den »Schneebesen« auszuwählen,

entschieden sie sich bevorzugt für den wirklichen Schneebesen – nicht für das Bild. Das bedeutet, dass Kinder dieses Alters schon Bilder als Symbole für etwas anderes nutzen.

Die meisten Kinder kennen Kühe und Schweine schon lange aus Bilderbüchern, bevor sie die Tiere zum ersten Mal in der Wirklichkeit sehen ...
Ja, um Wörter zu erlernen, die nicht im Alltag der Kinder vorkommen, brauchen wir Bilder. Eine Giraffe etwa kommt im realen Lebensumfeld nicht vor – aber durch ein Giraffenbild lernt das Kind das Wort und dessen Bedeutung. Auch das Bilderbuchlesen selbst ist eine wichtige Interaktion zwischen Kind und Bezugsperson: Beim Betrachten wird gesprochen, und es werden die Wörter wiederholt.

Welche Hilfestellungen können Eltern und Bezugspersonen ihren Kindern beim gemeinsamen Bilderbuchanschauen geben?
Das ist abhängig vom Alter und dadurch von den Bedürfnissen der Kinder. Bei einem neun Monate alten Kind spielen die Benennungsaktivitäten eine große Rolle. Die Eltern zeigen auf das Bild und beschreiben es: »Schau, das ist ein Ball.«

Mit anderthalb Jahren sieht das Bilderbuchbetrachten anders aus: Die Kinder zeigen auf bestimmte Motive, die Interaktion beginnt, die Eltern stellen Fragen und geben Feedback: »Wer ist denn das hier?«, »Was macht die Ente hier?«. Ab zwei Jahren ist das Bild dann ein Ausgangspunkt für ein Gespräch.

Das heißt, Eltern sollten auf jeden Fall die Interaktionsmöglichkeiten nutzen?
Ja, es hat sich gezeigt, dass es einen Zusammenhang gibt zwischen der Dauer, dem Beginn und der Häufigkeit des Bilderbuchbetrachtens und dem Wortschatzerwerb. Dafür sollten Eltern beim gemeinsamen Bilderbuchanschauen viele offene Fragen stellen. Und sie sollten Feedback geben, Äußerungen des Kindes wiederholen und erweitern: »Ja, stimmt, der Junge holt den roten Ball.«
Neben dem Benennen und Kommentieren von Bildern führt das Bilderbuchlesen ja auch dazu, dass Eltern während des gemeinsamen Bilderbuchbetrachtens einfach länger, komplexer und ausführlicher reden als in anderen Situationen, etwa beim Spielen. Und sie gehen häufiger auf die Äußerungen des Kindes ein.

Mit Bilderbüchern wächst man besser – eine Zeitleiste

Bitte lesen Sie diese Stationen der sprachlichen Entwicklung nicht wie einen akribisch abzuhakenden Fahrplan. Kinder entfalten ihr Können und ihre Begabungen zu unterschiedlichen Zeitpunkten.

So wie ein Baby nur wenig herumrobben kann und dann gleich zum Laufen übergeht, können auch beim Erlernen der Sprache manche Entwicklungsstufen fast gleichzeitig erreicht werden. Das eine Kind läuft zuerst und erweist sich anfangs eher als sprachfaul, während das andere bereits munter plappert, aber sehr lange auf dem Boden robbt. Die Angaben sind Durchschnittswerte, und wenn ein Kind eine Entwicklungsstufe früher oder später erreicht, ist dies alles andere als ungewöhnlich.

Ab der 27. pränatalen Lebenswoche
Babys können schon gesprochene Sprache aufnehmen. Noch im Bauch der Mutter findet eine Gewöhnung an Intonation, Sprachrhythmus, Akzentuierung von Wörtern und deren Klangeigenschaften statt.

Ab dem ersten Monat
Das Baby versucht, sich durch gurrende, quietschende Geräusche verständlich zu machen und kann Laute variieren. Taktile Reize im Mund machen ihm Spaß und bringen es zum Lallen.

Mit drei Monaten
Das Baby führt kleine »Gespräche« mithilfe seines Lächelns und versucht unterschiedlichste Laute. Bewegt sich ein Gegenstand, kann das Baby ihn mit den Augen verfolgen, da es inzwischen die Bewegungen seiner Augen gut kontrollieren kann. Fingerpuppen-Pappbücher sind jetzt – zum Zuschauen – schon spannend. Es bewegt seine Augen in Richtung der Klangquelle.

Ab dem vierten Monat
Babys können höhere Töne wahrnehmen, Stimmen besser von Hintergrundgeräuschen unterscheiden sowie Silben und Phoneme erkennen. Sie ahmen Vokale wie i und a nach, brabbeln in unterschiedlichen Tonlagen mit sich selbst. Babys lauschen ihren Tönen nach, sie brabbeln aber auch, um Kontakt zu den Bezugspersonen aufzunehmen.

Bereits wenn man die Laute des Babys imitiert, merkt es, dass auf seine »Äußerungen« eine Reaktion erfolgt und dass Wörter – für Babys sind es Wörter – etwas bewirken: Es ist der Beginn

FÜHL MAL!

einer Unterhaltung. Interessiert beobachten sie, was in ihrer Nähe so alles vor sich geht. Sie betasten Gegenstände und untersuchen sie mit dem Mund, können sie langsam auch schon von einer Hand in die andere nehmen.
Geeignet sind Stoffbilderbücher wie »Fühl mal!«, »Drück mich!«, »Mein Mäuschen-Spielebuch«, »Mein kleiner Streichelzoo«, »Meine kleine Welt« und »Mein Gute-Nacht-Kuschelbuch«.

Ab dem sechsten Monat
In der zweiten Artikulationsphase nimmt das Plappern zu. Das Baby versteht einzelne Wörter. Jetzt beginnt mit Wiedererkennen, Zeigen und Wiederholungen das »Lesenlernen«. Das Baby lernt das Vor- und Zurückblättern und das Anschauen der Bilder.
Benennen Erwachsene die Bilder, werden die Wortklänge im Gedächtnis gespeichert, das heißt, Worte prägen sich im Zusammenhang mit dem Dargestellten ein. Babys unterscheiden dabei zunehmend zwischen der dreidimensionalen Welt des Alltags und der zweidimensionalen, fiktionalen Welt im Buch.
Während Neugeborene anfangs nur unscharf sehen und noch keine Farbkontraste wahrnehmen können, ist am Ende des sechsten Lebensmonats das Auge vollständig entwickelt – Bilderbücher sind hier ein gutes Augentraining. Beachten sollte man jedoch, dass die Babys eine sehr kurze Zeitspanne der Konzentration haben – deshalb können sie sich mit dem Buch auch nur kurz beschäftigen.
Geeignete Bücher sind hier »Bunte Bilder-Minis – Draußen«, »Meine allerersten Bilder« oder »Mein allererstes Fühlbuch« und das Fotobilderbuch »Alle meine Gefühle«.

Ab dem siebten Monat
Babys setzen den Vokal a mit Konsonanten zu Silbenketten zusammen: da dada, wawawa, nana na. Etwas später verdoppeln sie gezielt Silben mit a: da-da, ba-ba. Sie variieren die Lautstärke und die Höhe ihrer Stimme, was Erwachsene häufig zur Nachahmung veranlasst (Heiteitei-Babysprache). Mit dem überdeutlich akzentuierten Sprechen von Wörtern und Sätzen (Ammensprache) steuern Erwachsene intuitiv die Aufmerksamkeit des Kindes und stellen Beziehungen zwischen dem Verhalten des Kindes und ihrem eigenen her. Wichtig in dieser Entwicklungsstufe ist, dass die Bezugspersonen deutlich und in vollständigen Sätzen reden. Ein Baby lernt schneller sprechen, wenn man viel mit ihm redet.

Ab dem achten Monat
Ein Baby kann nun Gegenstände mit einer oder mit beiden Händen festhalten. Kleine Papp- und Stoffbilderbücher animieren nicht nur zum Anschauen, sondern auch zum Zugreifen. Hier ist es wichtig, auf abgerundete Ecken zu achten. Sobald Babys das Greifen erlernen, sind sie für Pappbilderbücher bereit. Denn die geben im Gegensatz zum Stoffbuch nicht nach und vermitteln auch das Erfolgsgefühl, des Gegenstands habhaft geworden zu sein.

Ab dem zehnten Monat
Das Baby, beginnt, den Pinzettengriff einzuüben, das heißt, es greift mit Daumen und Zeigefinger zu. Einzelne Buchseiten mit Daumen, Zeigefinger und Mittelfinger umblättern kann das Kleinkind aber noch nicht: Diese feinmotorischen Fertigkeiten wird es erst mit drei Jahren beherrschen.

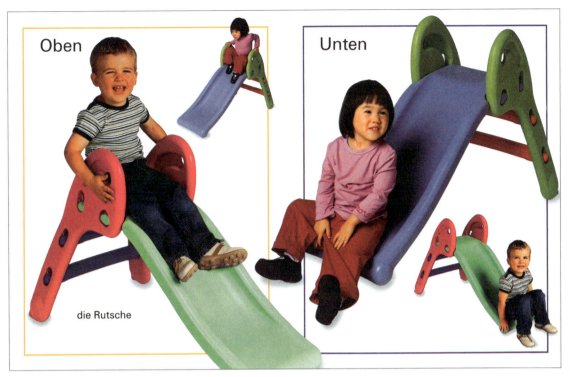

KENNST DU DAS? DIE GEGENSÄTZE

Ab einem Jahr

Aus Lauten werden einzelne Wörter. Erste Gegenstände benennt das Kind mit Protowörtern: Brumm-brumm etwa steht für Auto, Ada für Auf-Wiedersehen-Sagen, Wau-wau für Hund bzw. alle Tiere.

Kinder erkennen ihren Namen wieder, reagieren darauf und erfassen schon komplexere Motive, etwa die Küche oder das Kinderzimmer. Sie zeigen auf Gegenstände und geben ihnen Namen, die noch unverständlich sind. Und sie stellen erste Zusammenhänge her. Diese Lernschritte unterstützen kleine Pappbilderbücher aus der Reihe »Kennst du das?«, in der einprägsame Fotos die Welt in Ausschnitten wiedergeben, ebenso wie die Reihe »Klapp mal auf!« (z. B. »Mein Körper«), Helmut Spanners »Ich bin die kleine Katze«, »Mein erstes Wörterbuch«, »Bilder suchen – Wörter finden« und das Buggy-Buch »Bildwörterbuch unterwegs«.

Mit eineinhalb Jahren

Kinder verfügen bereits über einen Grundwortschatz von 20 bis 50 Begriffen. Der Vokabelspurt beginnt: Der Wortschatz erweitert sich täglich um etwa sechs neue Ausdrücke, wobei das Vokabular für Gefühle (lieb, böse) ausgebaut und gezielt eingesetzt wird, um die Umwelt auf die emotionalen Bedürfnisse reagieren zu lassen.

Auch die anatomisch bedingten phonologischen Fähigkeiten nehmen zu; das u etwa kann leichter gesprochen werden. Bestimmte Konsonanten wie das k bleiben aber noch schwierig

(Monita statt Monika). Bilder können sich jetzt gut mit Themen außerhalb des gewohnten häuslichen Umfelds befassen. Aber: Die neuen Wörter werden nur mit den Bezugspersonen gelernt – das können auch Geschwister sein. Die Wiederholungen mithilfe eines Bilderbuchs und einer Bezugsperson, die auf abgebildete Dinge zeigt und somit Beziehungen herstellt, sind ideal.

Ab zwei Jahren

Kinder kombinieren Substantiv und Verb in Zweiwort- und Dreiwort-Sätzen: »Papa traurig«, »Will Limo«, »Mama guckt Garten«. Sie entwickeln zunehmend ein Gespür für Syntax und Grammatik. Verben werden noch häufig im Infinitiv verwendet. Sie benutzen jedoch auch schon unregelmäßige Verben und Substantive, wissen, dass »Männer« die Mehrzahl von »Mann« ist, dass »weggegangen« zu »gehen« gehört.

Auch die Befehlsform wird eingeübt. Komplizierte Wörter wie »Gummibärchen« werden nachzuahmen versucht, etwa mit »Pimimi«. Zudem kann das Kind Vergleiche und kausale Zusammenhänge verstehen und selber herstellen (»Oma böse«, »Mann groß«) sowie schon kleine Geschichten erzählen, die teils wahr und teils erdacht sind.

Das Kind kann Tierlaute nachahmen, kennt Eigenschaftswörter wie lieb und weich und kann Wörter mit Konsonanten wie b, p, d, t, f, w, n, m und l sprechen. Der Wortschatz umfasst jetzt bereits zwischen 200 und 300 Wörtern.

Geeignete Bücher sind etwa »Sieh mal! Hör mal! Mein Wald«, Moni Ports »Das kenn ich schon«, Anna-Clara Tidholms »Klopf an!« und Franziska Lorenz' »Zu groß, zu klein«.

Ab zweieinhalb Jahren

Geschichten mit Wortwiederholungen bieten sich an, die machen Kindern Spaß – Wörter prägen sich durch Wiederholung besser ein. Wenn Kinder ihre Version erzählen, sollten die Bezugspersonen genau hinhören: Hier werden eigene Erlebnisse gespiegelt und Wünsche formuliert! Quatsch machen und eine teilweise überbordende Fantasie gehören zum Erzählen dazu.

Adjektivendungen werden nun meist richtig verwendet. Der Wortschatz umfasst inzwischen mehr als 500 Wörter. Erste Bildgeschichten werden bereits verstanden. Ideal in dieser Phase sind Rotraut Susanne Berners »Karlchen«-Geschichten und ihre Jahreszeiten-Wimmelbücher.

Kinder können übrigens bis zum vierten Lebensjahr ohne große Mühe zwei Sprachen lernen, weil sie in ihrem Gehirn ein gemeinsames Netzwerk bilden. Dort werden später auch alle weiteren neuen Sprachen gespeichert. Das Erlernen einer zweiten Sprache im Jugendalter ist viel mühsamer: Dann, so hat die Hirnforschung nachgewiesen, wird im Sprachzentrum ein eigener Bereich gebildet. Dialekt sprechende Kinder haben übrigens dieselben Vorteile beim Fremdsprachenerwerb wie die zweisprachig aufgewachsenen.

Ab drei Jahren

Kinder fangen an, Tätigkeitswörter wie »schlafen« und »spielen« zu benutzen, »der/die/das« und »ein«, Zuordnungen wie »mein« und »dein«. Sie stellen erste Fragen: »Is das?«

Um eigene Ideen und Wünsche zu formulieren, nehmen die Kinder nun das Wort »ich« in den Wortschatz auf und sprechen von sich selbst nicht mehr nur mit dem Vornamen. Sie können die Gefühle von anderen benennen und verstehen einfache Geschichten. Zeiten und Fälle werden oft schon korrekt verwendet, auch wenn der Passivsatz noch äußerst beliebt ist: »Der Dreck muss weggeputzt werden.« Durch aktives Zuhören – eine Bilderbuchgeschichte ist hier ideal – lernen Kinder einprägsam Syntax und Grammatik.

Mit vier bis fünf Jahren

Kinder können jetzt schwieriger auszusprechende Konsonanten wie »r« aussprechen (Laute wie »sch« und »s« werden oft erst im fünften Lebensjahr korrekt artikuliert) und bilden die Mehrzahl richtig (die Gläser, die Bücher, die Autos). Sie beherrschen jetzt schon 1.000 Wörter, manche sogar schon 2.000. Ab jetzt wird gesprochen, gesprochen, gesprochen: Mithilfe der Sprache wollen sich Kinder die Welt erobern, wollen das, was sie sehen, erfahren, fühlen, auch einordnen können. Deshalb auch die beliebten »Warum?«-Fragen – die Neugierde auf die Welt ist groß. Darüber hinaus können sie durch das erlernte System von Wortbedeutungen und Grammatik ihre Beobachtungen und Erfahrungen deuten und sich damit ein vielschichtiges Bild der Wirklichkeit machen. Die Zusammenhänge in Bilderbüchern können sie gut beschreiben.

Lebenseinstellungen entstehen nicht nur durch erlebte Handlungen, sondern durch das Erleben von Sprache, durch Loben, Verbieten, Schmeicheln, Zurückweisen etc. Sprache formt das Bewusstsein und die Persönlichkeit. Ohne sie kann ein Kind auch nicht die eigenen Gefühle und Handlungen reflektieren. Denn mittels der Sprache kann es sich als Objekt sehen und sich aus dieser selbst geschaffenen Distanz betrachten und mit anderen vergleichen.

Geeignete Bücher in dieser Entwicklungsstufe sind beispielsweise Maurice Sendaks »Wo die wilden Kerle wohnen«, Peter Schössows »Gehört das so??!«, Sonja Bougaevas »Zwei Schwestern bekommen Besuch«, Jens Rassmus' »Der wunderbarste Platz auf der Welt« und Peggy Rathmanns »Noch 10 Minuten, dann ab ins Bett«.

Mit sechs Jahren

Das Kind beherrscht bereits aktiv 5.000 bis 6.000 Wörter. Zum Vergleich: Im Grundschulwörterbuch des »Duden« sind 11.500 Begriffe enthalten. Der aktive Wortschatz wird sich noch von Jahr zu Jahr erweitern – ein 20-Jähriger verfügt über etwa 16.000 Wörter. Bis Mitte 30 sind im Gehirn durchschnittlich 100.000 Wörter gespeichert, davon werden 40.000 häufiger benutzt. Die restlichen 60.000 Wörter sind zwar gewusst und auch abrufbar, aber nicht aktiv (etwa das Wort »Opossum«). Übrigens: Der Wortschatz der deutschen Sprache umfasst rund 500.000 Wörter, im aktuellen Duden sind 130.000 Stichwörter verzeichnet.

Wie leicht oder schwer man als Erwachsener mit diesem Wortschatz umgehen kann, hängt auch von seinen ersten Lebensjahren ab. Denn das Entwicklungsfenster für Sprache schließt sich zwischen dem sechsten und achten Lebensjahr; bis maximal 14 Jahre kann man noch die Lesefähigkeit beeinflussen. Bringen (vor allem) Eltern in dieser Zeit keine Impulse und Reize von außen, bilden sich die vorhandenen Synapsen in den Netzen der Sprachareale zurück.

STEFAN HAUCK

Ein Bilderbuch ist eine Entdeckungsreise inmitten bunter Bilder

Wie Bilderbücher den Blick schulen und an Kunst heranführen

»Das sieht aus wie Braten.« – »Und das da sind Orangen!« – »Oder Kartoffeln!«
Die Kindergartenkinder, die sich im Städel-Museum in Frankfurt am Main Claude Monets 1868 gemaltes Ölbild »Le Déjeuner« ansehen, sind mit Feuereifer bei der Sache.
»Aber nein«, werden sie von der begleitenden Pädagogin ausgebremst, »überlegt doch mal: Der Titel des Bildes heißt ›Frühstück‹. Also muss das auf dem Tisch doch Brot sein«, sagt sie und schaut auf ihren Zettel.
»Und die gelben Scheiben da?«
»Ähm«, die Pädagogin gerät ins Stocken, »wahrscheinlich sind das so kleine Kuchen.«
Die Szene zeigt, wie wissensvorbelastet Erwachsene Bilder sehen und wie wenig sie ihren Augen trauen. Denn die Kinder haben recht: Monets erste Mahlzeit am Tage mit seiner Familie war meist üppig und wurde gegen Mittag eingenommen. Herzhafte Speisen waren durchaus üblich, ähnlich wie beim heutigen Brunch. Und so sind auf der Platte kleine Koteletts mit gebratenen Kartoffelscheiben angerichtet, eine Schüssel mit Salat steht daneben, Konfitüre, Weißbrot, Trauben. Die rote Flüssigkeit im Glas bringt die Pädagogin ins Schwitzen: »Nein, also Wein kann das nicht sein, das ist doch ein Frühstück!«, beharrt sie, obwohl die auf dem Gemälde zu sehende Rotweinflasche eine solche Deutung schlüssig erscheinen ließe. Was ihrer Vorstellung nach in dem Glas sein könnte, weiß sie aber auch nicht.

Wieso sehen Kinder also Bilder anders als Erwachsene? Mit zunehmendem Alter gehen Kinder zwar mit wachsendem Vorwissen an Bilder heran – aber in der Regel ohne Vorurteile. Zudem konzentrieren sie sich zwangsläufig auf das Bild, solange sie noch nicht lesen können, lassen sich von der Schrift und dem Text weder ablenken noch beeindrucken. Die Konsequenz: Sie brauchen gute Illustrationen, sonst sind sie unterfordert oder irritiert. Und Bilder schulen die Wahrnehmung. Denn in der Welt des 21. Jahrhunderts reicht es längst nicht mehr, nur den Sinn von Texten zu verstehen, sondern in gleichem Maße gilt es, auch Bilder lesen zu können. Sie prägen unser Leben stärker als Texte. Ob Werbeplakate, Zeitschriften, Fernsehen oder Computer, schon Kindergartenkinder sind unzähligen visuellen Reizen ausgesetzt. Und müssen damit umgehen.

Viele Verarbeitungsvorgänge laufen unbewusst ab – sonst wäre unser Gehirn restlos überfordert. Rund 60 Bits kann unser Verstand pro Sekunde verarbeiten. Allein beim Lesen des vorigen Satzes hat er etwa 40 Bits pro Sekunde gebraucht. Das Unbewusste dagegen arbeitet in ganz anderen Dimensionen: Allein die Augen schicken rund zehn Millionen Bits pro Sekunde ans Gehirn, liefern mit ihren Millionen Fotozellen 20-mal so viele Informationen wie die Ohren – kein Wunder also, dass ein Bild schneller »gescannt« ist als die bekannten 1.000 Wörter und anders im Unbewussten verankert wird. Das Gesehene haftet länger als das Gedachte, Bilder länger als Behauptungen.

Bilder eröffnen Sichtweisen

Was aber macht ein gutes Bild, eine gute Illustration aus? »Worte werden ausgelassen, und das Bild redet. Bilder werden ausgelassen, und das Wort redet. Es ist eine Balancierkugel, es geht vor und zurück«, meint der Bilderbuchkünstler Maurice Sendak, der auch die Fallstricke der Illustrationskunst kennt: »Entweder ist sie reine Dekoration oder sie ist eine Erweiterung des Texts. Es ist deine Version des Textes als Illustrator, deine Interpretation.«
Wenn Bilder nur das abbilden, was der Leser auch ohne sie sehen kann, sind sie ärgerlich: »Nicht den Text zu wiederholen, ein neues Licht auf ihn zu werfen ist die Aufgabe der Illustration«, erklärt die Künstlerin Rotraut Susanne Berner (s.a. S. 12 ff.). Illustrationen sollten sich nicht mit Offensichtlichem, sondern mit Verborgenem befassen und an den vielen im Text enthaltenen Möglichkeiten interessiert sein. Der große Schatten etwa, den der König auf seine Untertanen wirft, zeigt viel mehr von seiner Macht, als wäre der König direkt zu sehen. Eine gute Illustration macht den Betrachter neugierig, kann dem Text vorgreifen, ihn vertiefen, ihm sogar widersprechen. Ein Bild, das bloß gut aussieht, wird langweilen, wenn es nicht ahnen lässt, dass auch vor ihm ein Bild war und dass nach ihm ein weiteres Bild kommt. Bilder müssen erzählen können und das Interesse des Betrachters wecken.
Ein spannendes Experiment hat der Bajazzo Verlag mit einem Text von Heinz Janisch gewagt: Er hat ihn von drei Illustratorinnen interpretieren lassen – in einem Buch. »Bärensache« berichtet von einem Bären, der mit seinen Arbeitsbedingungen im Zoo unzufrieden ist und kündigen möchte; der Direktor versucht ihn zum Bleiben zu bewegen. Helga Bansch, Daniela Bunge und Manuela Olten erzählen die Geschichte in je sechs Bildern – aber ist es am Ende noch dieselbe Geschichte?
»›Das ist ja zum Aus-der-Haut-Fahren!‹, sagte der Bär und fuhr aus der Haut, mitsamt dem Fell«, heißt Janischs erster Satz. Manuela Olten lässt den Bären entnervt sein Fell aufknöpfen und es ordentlich auf einem Kleiderbügel aufhängen. Bei Daniela Bunge sieht der Betrachter nur noch einen Teil des Fells hoch oben in der Luft: Mit einer heftigen Bewegung hat der nun nackte Bär es wütend weggeschleudert. Sieht man bei Manuela Olten nur den Bären, veranstaltet Daniela Bunge großes Kino, zeigt den ganzen Raum mit Direktor, Chamäleon und Mobiliar. Helga Bansch wiederum konzentriert sich ebenfalls auf den grummelnden Bären, lässt ihn umständlich den Reißverschluss öffnen und aus dem Fell steigen. Den beklagenswerten Umstand, dass der Bär nur bei einer anderen Bärenfamilie zur Untermiete als geduldeter Gast wohnt, zeigt Bunge gar nicht, Olten lässt ihn zusammengekauert auf einer Bank sitzen, während kindliche Zoobesucher

BÄRENSACHE (Manuela Olten)

ihn verspotten, und Bansch lässt ihn sehnsüchtig von außen durch ein Fenster auf die Idylle der Bärenfamilie drinnen schauen. Sie verkehrt auch die Welt: Bei ihr sind die Menschen Ausstellungsobjekte in Käfigen, während der Zoodirektor ein Affe ist.

Kinder, die sich dieses Bilderbuch anschauen, bekommen nicht nur Hilfestellungen, um sich in die Gefühlswelten anderer Menschen hineinzuversetzen, sondern erfahren en passant, welche Bedeutung Bilder und Blickwinkel haben.

Bilder wollen entschlüsselt werden

Eine elementare Voraussetzung für die Medienkompetenz der Erwachsenen von morgen ist die Fähigkeit, Bilder interpretieren zu können. Und die ist komplexer geworden. Lesen bedeutet nicht nur das lineare Abtasten eines Textes, sondern erfordert auch Techniken, um Informationen zu suchen und zu verarbeiten. Wir sind in Europa bislang gewohnt, linear zu lesen – das heißt, wir beginnen auf einer Seite oben am Anfang eines Textes, entschlüsseln von links

BÄRENSACHE (Daniela Bunge)

nach rechts und hören unten auf. Jedoch haben wir es zunehmend mit nichtlinearen Texten wie Tabellen, Grafiken, Formularen, Logos und Schaubildern zu tun. Die Hypertexte im Internet beinhalten Zeichen, Bilder und Animationen und sind in einer komplexen Navigationsstruktur verschachtelt aufgebaut. Um sie zu entschlüsseln, müssen sie in einen Gesamtzusammenhang gebracht und »übersetzt« werden. Im Internet lesen wir zum Beispiel schon nicht mehr linear von oben nach unten, sondern springen über Hypertexte von Information zu Information. Diese Hyperfiktion im Netz verbindet immer mehr Wort und Bild. Kinder, die Bilderbücher »lesen«, sind sensibilisiert und geübt darin, in Bildern Informationen zu erkennen, sie in Zusammenhängen zu sehen und Bedeutungen zu entschlüsseln.

Neben jener Entschlüsselung, dem Decodieren, gibt es noch eine andere Fähigkeit, die Bilder und Bilderbücher leisten: das Recodieren. Um einen abstrakten Begriff wie »Angst« verstehen zu können, überträgt ihn der Zuhörer bzw. der

Leser in eine bildliche Vorstellung – etwa weit aufgerissene Augen oder eine in sich kauernde Figur – und übersetzt diese in einen Begriffskontext – eine unangenehme Situation, Herzklopfen – zurück. Diese Fähigkeit des Recodierens ist zum einen eine entscheidende Voraussetzung für das Verstehen eines Texts, zum anderen ermöglicht sie eine Distanz zum Inhalt, indem sie die Wahrnehmung verlangsamt und Raum zum Nachdenken schafft.

So findet der australische Künstler Shaun Tan zum Beispiel in seinem textfreien Bilderbuch »Ein fremdes Land« eindrückliche Bilder für Gefühle wie Fremdheit, Angst, Einsamkeit und zeigt Sprach- und Verständigungsprobleme. Teller, Tassen, Lebensmittel, Haustiere – alles hat andere Formen, als der Erzähler der Geschichte und wir sie kennen; der Umgang untereinander, die Sprache, die Schrift – alles will neu erlernt werden. Und die Skepsis, Ängste und Zweifel des schüchternen Einwanderers wollen überwunden werden.

Auch wenn bestimmte Anspielungen und Bildzitate erst von Älteren verstanden werden, so erkennen sich Kinder sehr gut in der Situation des noch wenig Wissenden wieder, der die

BÄRENSACHE (Helga Bansch)

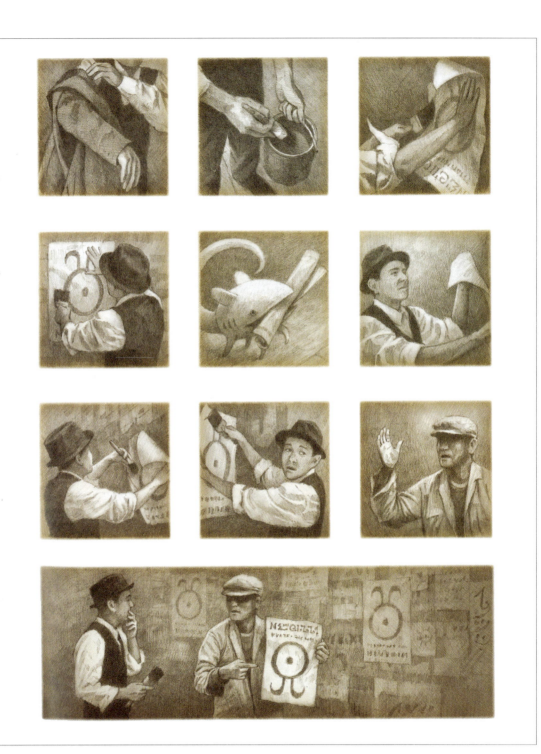

EIN FREMDES LAND

fremde Welt Schritt für Schritt entdeckt, dabei auch Fehler macht, um sie sich zu erobern. Klar, dass er ein Plakat verkehrt herum aufklebt, weil er die Schrift nicht kennt – er muss sich vieles abgucken. Und da er die Pflanzenwelt und den Jahreskreislauf nicht kennt, bleibt nur Staunen, wenn sich ein Blatt Bild für Bild in eine Blume verwandelt und dann erneut eine ganz andere Form annimmt.

In »Rosi in der Geisterbahn« wird der Schrecken fassbar. Autor und Illustrator Philip Waechter geht auf die Angst der Kinder ein: Ein Traumspezialist verschreibt der Häsin Rosi ein Buch, mit dem sie ihre Angst in den Griff bekommen soll. Unterschiedliche Situationen wechseln sich ab, bis ein Kuss das schrecklichste Monster in die Flucht schlägt. Waechter wechselt ab zwischen frei gestellten Bildern, von vier Panels (kleinen Bildern mit Konturrahmen wie beim Comic) bis zu einem großen Bild auf einer Doppelseite, vom Wimmelbild auf dem Rummelplatz bis zum großen Gesamtbild.

Mit klar konturierten Figuren, Comic-Elementen und auch Sprechblasen schafft Waechter sehr atmosphärische Bilder: spannungsgeladen das Monster im Traum, heimelig das unordentliche Zimmer, dramatisch der Eingang zur Geisterbahn. Für Erwachsene zudem gelungen: Waechter zitiert sich witzig selbst (so hängt der Bär aus Waechters »Ich bin ich« als Poster an der Wand) und spielt mit Klischees (der Eingang zur Geisterbahn erinnert an Western, wo der Held zum Schusswechsel bereit ist, im Hintergrund ist die Westernstadt zu sehen). Das Buch führt leichtfüßig in die Gespensterbücher, in die Gruselliteratur ein: Denn erst das Bewusstsein, dass es Fiktion(en) gibt, hilft beim Umgang mit den Angstgefühlen – dann kann Gespensterliteratur auch Spaß machen. Kinder schaffen sich beim Bilderbuchbetrachten ein Stück Autonomie: Wer als Kind Bilderbücher gelesen hat, weiß um den Zauber, der sich zwischen Buchdeckeln entfalten kann, dass dort ganz eigene fantasievolle Welten entstehen können.

Warum Erwachsene heitere Bilderbücher bevorzugen

Bei der Auswahl der Bilderbücher gibt es jedoch häufig große Diskrepanzen zwischen den nach fast allen Seiten hin offenen Interessen der Kinder und den Vorlieben der Eltern. »Die Bilderbücher unserer Kindheit hängen eng zusammen mit den Wunschbildern von Kindheit«, meint die Bilderbuchdozentin Elisabeth Hohmeister. »Die Leseforschung hat klar belegt, dass die Sozialisation entscheidend ist für die Bilderbuchauswahl der Eltern und auch der Buchhändler.« Erwachsene wollen gern ihre eigene Weltsicht vermitteln, was dazu führt, dass pädagogisierende Bilderbücher sich gut verkaufen. Sie wollen das Kind mit Erfahrungen ausrüsten, die es ihrer Meinung nach für sein späteres Leben braucht. Gerade hier wäre es sinnvoll, den Kindern Bilderbücher anzubieten, die ihnen Antworten auf Fragen geben, ihnen helfen, mit Gefühlen wie Eifersucht, Zorn, Minderwertigkeit und Neid umzugehen. Statt zu verstehen, dass sie damit Kindern Hilfestellung geben können, greifen Erwachsene aber bei der Lektüreauswahl oft auf Heile-Welt-Bilderbücher zurück – weil ihnen die Thematisierung von Problemen selbst bedrohlich erscheint und sie Angst davor haben, Fragen der

HÄNSEL UND GRETEL

Kinder nicht beantworten zu können. »Die meisten Menschen möchten Kinder vor dem beschützen, was sie für gefährlich halten«, sagt Illustrator Maurice Sendak. »Ernsthafte Künstler haben das gleiche Anliegen. Möglicherweise stimmt ihr Werk aber nicht mit dem überein, was Spezialisten für falsch oder richtig im Hinblick auf Kinder halten. Künstler wissen, dass Kinder weitaus mehr ahnen, als Erwachsene ihnen zutrauen. Kinder lassen sich auf viele dubiose Themen ein, die Erwachsene ihnen gern vorenthalten möchten.«

Ein Beispiel dafür ist das von Susanne Janssen illustrierte Märchen der Brüder Grimm »Hänsel und Gretel«, das einige Betrachter und Rezensenten als unheimlich empfunden haben – und als unzumutbar für Kinder. Janssen schafft starke, opulente Bilder, die in der Tradition der Renaissancegemälde stehen und die Vitalität des Gegensatzes von Hell und Dunkel nutzen – eine Dualität, eine Spannung, die schon im Märchen selbst enthalten ist.

Die Illustratorin traut sich, die Dramatik der Handlung darzustellen, auch mit einer lasziv-verführerischen Hexe. »Ich denke, die Kinder wären einer hässlichen Hexe nicht gefolgt«, sagt Janssen, »sie muss anziehend, faszinierend und beunruhigend sein.« Statt knubbelnasigem Hänsel und niedlicher Cinderella-Gretel mit Blinkerwimpern im Rosa-Look gestaltet Janssen die beiden als androgyne Zwillingskinder: »Für mich sind sie eine Person, der männliche und der weibliche Aspekt – beide bekämpfen sich, um sich zu vereinen.« Ist zunächst Hänsel der aktive Part, ergreift schließlich Gretel die Initiative, die Janssen in den Bildern immer größer werden lässt: »Sie ist die Heldin, die die Kinder rettet.« Schon der Erziehungswissenschaftler Jean Piaget hatte in den 70er-Jahren des vergangenen Jahrhunderts erkannt, dass »Kinder ein viel breiteres Spektrum künstlerischer Gestaltung und Thematik aufnehmen können, als das beschränkte und meist verniedlichende Angebot der meisten Bilderbuchautoren glauben machen möchte.«

Nun gibt es mit Sicherheit Kinder, die selbst im geschützten Raum des elterlichen Schoßes Angst bei bestimmten Bildern in Büchern empfinden – meist wissen die Bezugspersonen, welche Geschichten im Moment psychologisch nicht »gehen«. Wenn ein Kind bei einem bestimmten Bild anfängt zu weinen und zunächst kein Grund erkennbar scheint, kann dies Erwachsene dazu veranlassen, ein Raster für Bilder zu entwickeln: Dieses Bild geht, jenes geht nicht, dieses Bilderbuch wird gezeigt, weil unbedenklich, jenes nicht. Ein Fehler wäre es, nicht zu ergründen, warum sich das Kind fürchtet, ein weiterer, die Entwicklung des Kindes nicht zu berücksichtigen. Sonst bekommt das Kind, das mit dreieinhalb Jahren Angst bei einem Bild hatte, auch mit sechs noch keine ähnlichen Bilder gezeigt.

Aber häufig überwiegt die Vorsicht der Vorleser. »Ich glaube, Erwachsene haben mehr Angst vor meinen Bildern als Kinder«, erklärt Illustratorin Susanne Janssen. »Ich habe drei Kinder, mit denen ich meine Bilder ausprobiert habe, und die sind alle ganz normal.« Ähnliche Erfahrungen hat auch die Leiterin der Kinderbuchabteilung im Berliner KulturKaufhaus Dussmann, Kerstin Helm, gemacht: Sie habe oft Schwierigkeiten, Erwachsenen das von Axel Scheffler illustrierte Bilderbuch »Der Grüffelo« zu verkaufen, in dem ein Monster der Held ist. Von dieser Figur hat sie ein Plakat in der Kinderbuchabteilung hängen – und sobald Kinder das Plakat sehen, rufen sie begeistert: »Oh, Grüffelo!!!« – »Dann«, so Kerstin Helm, »muss man den Erwachsenen nichts mehr erklären.«

Kreative Bildsprache

So kommt es immer auf den Blickwinkel an, unter dem die Kinder ein Buch betrachten. Allzu Glattes ist schnell langweilig – es geht den Erwachsenen nicht anders. Wer im Kindergartenalter Bilder mit ihren unterschiedlichen Perspektiven, Überraschungsmomenten und zu entdeckenden Details, die Zusammenhänge, aber auch die Brüche kennengelernt hat, der hat ein Fundament für die kognitiven Erzählprozesse, denen in der Grundschule dann die schriftsprachliche Ausgestaltung folgt.

In Sonja Bougaevas »Zwei Schwestern bekommen Besuch« erfahren Kinder über die Bilder, wie sich die alten Schwestern wirklich fühlen, wann sie einen Riesenspaß haben und wann sie verstummen und erstarren. Der Text berichtet nur Fakten und von der Höflichkeit der Damen. Auf großzügig angelegten Doppelseiten wie freigestellten Bildern spürt der Betrachter, dass selbst die in den Schatten vorherrschenden warmen Farbtöne der mit schwungvollem Pinselstrich aufgetragenen Gouache- und Acrylfarben schon für sich eine Erzählebene bilden. Kinder reflektieren über die Farben ebenso wie über die unterschiedlichen Perspektiven in Innen- und Außenräume dieser Geschichte, sie verfolgen viel eher als Erwachsene die kleinen Binnenerzählungen: Achten Sie doch einmal darauf, wie es Hund und Katze hier ergeht ...

Oder legen Sie in dem ab S. 90 beschriebenen Bilderbuch »Ente, Tod und Tulpe« von Wolf Erlbruch Ihr Augenmerk einmal auf die lebenslustige, wellenförmig biegsame Ente, die nur aus wenigen Linien besteht. Das Auge der Ente ist nur ein Punkt – aber Erlbruch als ein Meister der Reduktion schafft trotzdem unterschiedlichste Gesichtsausdrücke damit. Es sind sparsamste Bewegungen, die das Zaghafte, Zögerliche des Zwiegesprächs mit dem schüchternen Tod im Oma-Kattunkleid markieren. Dazwischen gibt es genug Freiraum für den Betrachter, um die eigenen Fantasien darauf zu projizieren. Dieser künstlerisch gestaltete Freiraum ermöglicht es, dass beim Betrachter Lernprozesse über die Annäherung zwischen Tod und Ente beginnen.

Ebenso nutzt Nikolaus Heidelbach in »Königin Gisela« alle zur Verfügung stehenden Möglichkeiten der Bildaufteilung. Mal zieht er ein Bild über zwei Seiten, mal über eine, mal setzt er großzügig schmale, quadratische, rechteckige Bilder in den Fließtext, mal stellt er die Figuren frei in die weiße Bildseite hinein – alles ist möglich. So erfahren Kinder, welch unterschiedliche Formate ein Künstler für seine Geschichte wählen kann und wie Inhalt und Form übereinstimmen.

Nicht nur Kinder sehen Fragmente und verbinden sie mit Elementen aus ihrer eigenen Erfahrungswelt wie ihrer Fantasie, damit sich am Ende für sie ein Sinn ergibt. Wir denken in Bildern und versuchen ständig, sie in Beziehung zu größeren Zusammenhängen zu setzen. Sieht man einen Bildausschnitt, dann vervollständigt das Gehirn automatisch, fügt am Rande Dinge hinzu, bis es ein »richtiges« Ganzes wird. Bei René Mettlers »Die Natur ganz nah und weit weg« etwa wird der Betrachter Seite um Seite aus dem ersten Bild herausgezoomt, eine große Süßkirsche wird immer kleiner, bis man von hoch oben aus der Luft nur noch Häuser und Wälder sieht. Dann folgt in umgekehrter Reihenfolge ein Hineinzoomen, bis man wieder eine riesige Frucht sieht – diesmal eine Himbeere. Dieses Erfahren von Raum und Maßstab ist für Kinder eine aufregende Erweiterung ihrer Weltsicht.

ZWEI SCHWESTERN BEKOMMEN BESUCH

KÖNIGIN GISELA

Gewohnte Sichtweisen aufbrechen

Auch Bilderbücher ohne Text bieten dem Kind ein ästhetisches wie inhaltliches Lernpotenzial. Dabei wird offenkundig, dass Bilder keineswegs immer die Wirklichkeit zeigen müssen, sondern hinterfragen können.

Bei »Strandgut« etwa setzt Illustrator David Wiesner diesen Reflexionsprozess durch Irritationen in Gang – das Bilderbuch lässt staunen und den Mund des Betrachters vor Verblüffung sperrangelweit offen stehen. Mit 88 Bildern in teils pastellig zarten, teils farbenfroh-kräftigen Aquarellfarben erzählt der Illustrator eine fantasievolle Geschichte: Ein Junge entdeckt am Strand eine Kamera, in der eine Filmrolle steckt, und die Fotos enthüllen unglaubliche Unterwasserwelten. Wiesner nutzt sämtliche Möglichkeiten, die ihm das Bilderbuch bietet. Von Nahaufnahme bis Weitwinkel zeigt er teils in Panels gezielt Ausschnitte, führt die Geschichte comicstripähnlich fort, teils nutzt er großzügig ganze Doppelseiten oder bringt in schmalen, länglichen Streifen die Weite des Meeres zur Geltung. Hier ist ein Illustrator am Werk, der genau weiß, wie er welche Wirkung erzielt. Eindrucksvoll zeigt er etwa in einer Sequenz vor dem Fotoladen die Ungeduld des wartenden Jungen, bis er die Abzüge in der Hand hält. Am nachhaltigsten wirkt jedoch beim Betrachter die Aufnahme eines asiatischen Mädchens, das in seiner Hand ein Foto von einem lappländischen Jungen hält. Der wiederum hält vor einer Fjordkulisse das Foto eines Jungen, der wiederum das Foto eines Mädchens, die wiederum …

Die zu Hilfe genommene Lupe offenbart dem Jungen wie dem Betrachter das Prinzip der russischen Babuschka-Figuren: das Bild im Bild im Bild. Als die Lupe nicht mehr reicht, muss das

Mikroskop her: Mit jeder Vergrößerungsstufe sind neue fotografierte Kinder zu entdecken, immer älter werden die Fotos, wechseln von Farbe zu Schwarz-Weiß-Abzügen, zeigen Kinder in altmodischen Kleidern, bis zuletzt ein Junge aus der Zeit um 1900 in die Kamera winkt. Der Betrachter teilt die Verblüffung des Bilderbuchhelden, der sich entschließt, das zu tun, was die Kinder auf den Fotos auch alle getan haben: Er reiht sich in die Ahnengalerie der Kinder ein. Und als er anschließend in hohem Bogen die Kamera ins Meer wirft, geht die Reise endlos weiter. Diese Seherfahrungen brechen sowohl gewohnte Betrachtungsweisen als auch die traditionelle Vorlesesituation auf. Die betrachtenden Kinder sind hier nicht auf die Hilfe von Erwachsenen angewiesen, sie können gleichberechtigt entdecken und eine Geschichte formulieren – es macht aber auch Spaß, gemeinsam der Handlung auf die Spur zu kommen. Durch solche Bücher erweitern Kinder ihren Fundus an inneren Bildern und verknüpfen sie mit ihrem vorhandenen Wissen. Es entsteht allmählich ein großes Repertoire, auf das ein Kind permanent zurückgreifen kann.

Dass das Einordnen von neuen, ungewohnten Bildern und Perspektiven nicht nur Kindern Spaß machen kann, beweist »ein blick zwei blicke« von István Banyai. Hier muss der Betrachter ganze Arbeit leisten und erfinden, Leerstellen ergänzen, im Kopf fabulieren. Zeichnerisch, konturbetont, schwarz-weiß mit wenigen Farbakzenten – der Werbegrafiker kann seine Herkunft nicht verleugnen – beweist Banyai durch Perspektivwechsel, wie unterschiedlich sich ein und dieselbe Situation darstellen kann, wie subjektiv letztlich unsere Beobachtungen sind: Denn stets bleibt uns etwas verborgen. Denken wir am Anfang noch, wir haben es nur mit vielen zweiseitigen Einzelgeschichten zu tun, werden wir bald eines Besseren belehrt. Es ist von

STRANDGUT

VERFLIXT, HIER STIMMT WAS NICHT!

Anfang an eine einzige Geschichte, in der wie in einem Leporello ein Bildelement in der nächsten Episode wieder auftaucht. Hier müssen Begriffe und Handlungsstränge gesucht und aktiv benannt werden: Solche textlosen Bilderbücher, die gerade deswegen nicht passiv konsumiert werden können, sind für die kindliche Sprachentwicklung wichtig.

Eine Sehschule ganz anderer Art ist »Verflixt, hier stimmt was nicht!«: Ein Professor sucht bei einer Expedition im Dschungel einer Insel das große Tohuwabohu, und der Betrachter kann auf jeder Doppelseite zehn Fehler entdecken. Es sind optische Tricks, die die Illustratorin Barbara Scholz eingebaut hat: Eine viel zu große Ananas inmitten der Palmen, ein geringeltes Durcheinander, das keiner Schlange, sondern einem Tintenfisch gehört, der Schnabel eines Spechts als Bohrer, ein großer Bleistift, der wie ein Baumstamm aussieht, ein Wasserfall, der aus einer Teekanne fließt – all das lässt den Betrachter stutzen. Das gemeinsame Suchen macht Spaß, jeder entdeckte Fehler – »Ha, ich hab's gefunden!« – das Kind stolz. Hier wird genaues Hinsehen, der Blick fürs Detail geübt. Wer nicht alle Fehler findet, kann am Ende des Buches nachschauen.

Von der Zeichenkunst bis zur Computergrafik

Viel Merkwürdiges gibt es auch in dem von Claudia Carls illustrierten Märchen »Der verzauberte Topf« zu sehen, von Fenchelknollen als Bäumen, Ventilrädchen, kletternden Schweinen und Salamandern: Die Größenverhältnisse wollen unser Auge täuschen. Das Bilderbuch hat ein bisschen was von Fantasy, von Augsburger Puppenkiste und von mythischen Welten. Wie in einem Polaroid festgehalten, in der Momentaufnahme eingefroren wirken die Szenen – ein Märchen für die Videoclip-Generation. Die opulenten Doppelseiten sind das Ergebnis eines langen Arbeitsprozesses: Claudia Carls modelliert ihre Figuren in Knetmasse, fotografiert sie, setzt sie in ihre minu-

Als der Brei fast fertig war, kam der Mann in die Küche, nahm den hölzernen Löffel und wollte einmal schmecken. Die Frau verwehrte es ihm, und als er Gewalt brauchen wollte, nahm sie den Kessel auf den Kopf und lief davon, dass ihr die Haare um den Nacken flogen. Der Mann mit dem Löffel in der Hand setzte hinter ihr her, und als die Tochter das sah, nahm sie ihre Schuhe in die Hand und lief hinter dem Vater her.

DER VERZAUBERTE TOPF

tiös gezeichneten Landschaften und bearbeitet sie weiter. Kinder gucken und gucken vor so viel Detailreichtum: Wie kann man ein zentimetergroßes Haus, einen Baum so detailliert zeichnen?

Durch die Möglichkeiten moderner digitaler Reproduktionstechniken arbeiten Illustratoren übrigens seit den 1990er-Jahren mit den unterschiedlichsten Materialien; Claudia Carls ist kein Einzelfall. Zu den Bleistift- und Buntstiftzeichnungen, den Aquarell- und Gouachemalereien sind Acrylmalereien und Collagen hinzugekommen. Sybille Hein etwa verbindet in virtuos spielerischer Form Papierschnipsel und Zeitungsausrisse mit Aquarell und Buntstift, und Julia Friese lässt in »Alle seine Entlein« sogar die Tesastreifen sehen. Nachdem bis 2006 Illustratoren ihre Bilder zunehmend am Com-

Woran erkennt man ein gutes Bild? Einige Fragen als Hilfestellung:

- Machen die Bilder neugierig? Lösen sie beim Betrachter Fragen aus?

- Regen die Bilder (und auch der Text) zum Weiterdenken an? Bieten die Bilder dem Kind einen Anlass zum Erzählen, fordern sie zu Fragen heraus?
  Das Darüberreden hilft, die Situation im Bild zu begreifen.

- Kann sich das betrachtende/zuhörende Kind mit einer Figur aus dem Bilderbuch identifizieren?

- Ist der Charakter der Figuren bildlich umgesetzt? Sind die Gefühle der Figuren in Gestik und Mimik wiedergegeben?

- Sind die einzelnen Figuren differenziert dargestellt? Wie variationsreich ist die Darstellung der Bewegungen?
  Achten Sie einmal darauf, wie stark sich der gedeckte Frühstückstisch vom Abendbrottisch unterscheidet. Immer wieder gleichen sie sich völlig, ebenso das Badezimmer und das Kinderzimmer, und überall gucken die Spielzeuge der Hauptfigur zu – ein beliebtes Stereotyp.

- Stellen Bild und Text eine Einheit dar?
  Die beiden Elemente sollten in einem nachvollziehbaren Zusammenhang stehen – Kinder trennen nicht zwischen der sprachlichen und der visuellen Information.

- Gibt das Bilderbuch dem Kind neue Einblicke, eine neue Erfahrung?

- Lasse ich mich als Vermittler auf neue Bildsprachen und ungewohnte Perspektiven ein? Biete ich dem Kind eine Auswahl unterschiedlicher Stile?

- Richtet sich das Bilderbuch in erster Linie an Kinder? Welche Vorerfahrungen muss der Betrachter haben, um die Bilder (und den Text) größtenteils verstehen zu können?
  Damit ist ein grober Anhaltspunkt gegeben, ab welchem Alter ein bestimmtes Bilderbuch gewinnbringend betrachtet werden kann.

puter gestaltet haben, gibt es inzwischen eine Rückbesinnung auf die traditionellen Techniken.
Sebastian Meschenmoser zeigt in seinen Bilderbüchern die große Kunst des Zeichnens. Er bringt mit wenigen Strichen große Gefühle aufs Papier. Mit der Frage, wie eigentlich eine Schneeflocke aussieht, beginnt sein Bilderbuch »Herr Eichhorn und der erste Schnee«. Herr Eichhorn hat noch keinen gesehen, der Igel und der Bär auch nicht, weil sie den Winter für gewöhnlich verschlafen. Jetzt aber beschließen sie: Wach bleiben und aufpassen! Mit dieser Grundkonstellation – also neugierig sein, wach bleiben und beobachten – können sich Kinder sofort identifizieren.

HERR EICHHORN UND DER ERSTE SCHNEE

Mit lockerem Bleistiftstrich skizziert Meschenmoser Waldlandschaften, Tiere und Träume, ein Hauch von Natur, einen stacheligen Panzer, ein buschiges Fell. Sparsam akzentuiert er mit Rötel das Eichhorn, und die Bilder wirken wohltuend beruhigend inmitten der vielen bunten Bilderbücher auf dem Kinderbuchmarkt, gleichwohl die Szenerie klug strukturiert ist. Spannend, wenn der Zeichner in Zeitlupe die immer stärker werdende Müdigkeit des Eichhorns skribbelt und es anschließend wie einen Irrwisch über den Baumstamm jagen lässt – das kennen Kinder nur allzu gut. Skurril, wenn er Igel und Eichhorn als Shanty-Sänger auftreten lässt – da mögen Kinder mitmachen. Poetisch, wenn er den Vorstellungen der Tiere von der Schneeflocke Gestalt verleiht. Eine Zahnbürste ist weiß und nass und kalt, also fantasieren sie sich einen Himmel voller Zahnbürsten. Getoppt wird das alles nur noch von einer stinkenden Socke.

Man muss mittendrin in diesen Bildern sein, wenn die Schneeflocken in Deckfarbe wirklich übers Dunkelblau kommen, wenn die Sprache allmählich verstummt und das große Staunen anhebt. Dann die Freude erleben, die Lust am Spiel, am konstruktiven Umgang mit dem Schnee. Dann den Stolz über den ersten Schneemann. Dann die süße Müdigkeit. Hier werden beim Betrachten Gefühle erprobt. Und ganz nebenbei ist es ein Gute-Nacht-Buch par excellence.

Interview mit dem Illustrator Vitali Konstantinov. Er unterrichtet Illustration in der Kunstakademie Macerata bei Ancona und in der Marburger Sommerakademie.

Wann ist eine Illustration gelungen?
Es ist eine spontane Reaktion: Zunächst nehme ich ein Bild als schön wahr, ohne in einem Atemzug zu analysieren, wieso. Es ist ähnlich wie bei der Musik – eigentlich urteilt der Betrachter oft intuitiv. Unsere Wahrnehmung ist sehr komplex, sie findet ständig statt, wir gucken jede Minute und bewerten sofort. Schon ob die Grundfarbe eines Buchumschlags Rot oder Schwarz ist, beeinflusst mich.

Aber dann finden im Kopf des Betrachters doch Interpretationen des Gesehenen statt ...
Das Kind erfasst ja ein Bild gleichzeitig mit dem vorgelesenen Text, es sieht sofort, ob das Rotkäppchen ein langes, blaues Kleid oder eine Lederhose oder einen kurzen, roten Rock trägt, und ordnet das Bild wie einen kurzen Filmausschnitt ein. Wenn sich Kinder Bilder anschauen, übernehmen sie sofort Rollen, wie in einem Comic. Und je abstrakter die Darstellung, umso mehr Betrachter können sich mit dem Dargestellten identifizieren. Der Grad der Stilisierung bewegt sich auf einer Achse zwischen den Polen »erkennbar« und »abstrakt«.

Wie stark darf ein Illustrator den Text interpretieren?
Es gibt Illustratoren, die breiten ein Feuerwerk an zusätzlichen Ideen auf dem Papier aus. Aber man braucht gar nicht viel mehr zu dem Text dazuzuerfinden. Bei einer Geschichte von Maxim Biller ist der Held eine Wunschbox, die sprechen kann, und ich habe als Illustrator überlegt: Wie kann ich so etwas Ungewöhnliches darstellen? Das ist Interpretation genug. Ich mache aus dem Text ein Stück neue Wahrnehmung.

Jedes Kind wird sich die Wunschbox sowieso im Kopf vorstellen – müssen Sie da mit Ihrem Bild nicht doppelt überraschen?
Vor allem müssen die Zeichnungen mit den Bildern in meinem eigenen Kopf übereinstimmen, das ist wichtig! Oft haben viele Illustratoren die gleiche »Kameraeinstellung« zu einem Text. Das wird völlig langweilig, wenn alle dieselbe Sequenz zeigen.

Nach welchen Kriterien urteilen Sie, ob eine Illustration gelungen ist?
Sie ist dann gelungen, wenn sie einen erzählerischen Wert hat. Die emotionale Charakteristik muss stimmen – der Betrachter nimmt sofort wahr, wie die Figuren drauf sind. Und die Darstellung sollte so fragmentarisch sein, dass für das eigene Denken des Betrachters noch genug Raum bleibt.

Und welche Rolle spielt die ästhetische Qualität?
Eine Illustration muss technisch und handwerklich gekonnt sein. Ich vergleiche noch einmal mit der Musik: Das Musikinstrument muss gestimmt sein, sonst wird nichts draus, egal ob Punk oder Klassik, egal, ob Aquarell oder Buntstift. Der Betrachter merkt sofort, wenn jemand etwas nicht kann – und der Illustrator weiß es letztlich auch, wenn er aus Zeit- und Honorargründen schnell gearbeitet und geschludert hat.

Die Wahrnehmung trainieren

Beschäftigen sich Kinder systematisch mit solchen Einzelbildern und Bilderfolgen, gibt man ihnen Zeit, um sich mit den Details auseinanderzusetzen, sind sie für die auf sie einstürmende Bilderflut gerüstet. Nicht nur um die achtelsekundenschnellen Schnittfolgen, die Bildmontagen, Rückblicke und Überblendungen auf MTV und Viva, sondern in ganz »normalen« Fernseh- und Kinofilmen begreifen und einordnen zu können, sind Vorerfahrungen aus dem langsameren Medium Bilderbuch sinnvoll. In einem Bilderbuch kann ein Kind mit selbstbestimmtem Tempo vor- und zurückblättern, es eilt dem vorgelesenen Text mit den Augen voraus und hängt ihm in Gedanken noch ein bisschen hinterher, es macht bei Bedarf Pausen, stellt die in ihm aufkommenden Fragen und arbeitet sich in eine Geschichte »hinein«. Die Bilder der Bilderbücher reichern die Vorstellungskraft der Kinder an und ermöglichen erste Imagination. Durch die enge Beziehung zwischen Wort und Bild lernen sie bildliche und sprachliche Symbole sowie Redewendungen kennen und eignen sich Werkzeuge zur Entschlüsselung unbekannter Symbole an. Die Wahrnehmung wird trainiert, der visuelle Erfahrungsschatz täglich erweitert: Immer wieder neue Bilder von der Welt halten Einzug in die überschaubare Kinderwelt.

Im wahrsten Sinne des Wortes augenscheinlich macht dies ein mexikanisches Bilderbuch, das schon durch seinen Titel für Irritationen sorgt: »Das schwarze Buch der Farben«. Illustratorin Rosana Faría zeigt schwarze Zeichnungen auf schwarzen Seiten: eine Herausforderung für den Betrachter.

Auf einer Doppelseite treiben rechts schwarze Gräser über eine Stoppelwiese im Wind, während auf der linken Seite zu lesen ist, wie ein blinder Junge Grün empfindet: »Er sagt, dass die Farbe Grün nach frisch gemähtem Gras duftet und nach Pfefferminzeis schmeckt.« Und der Betrachter kann die erhaben relieflackierten Gräser ertasten, fühlen. Hier werden Kinder für eine differenzierte Wahrnehmung sensibilisiert, versetzen sich in die Situation der Nicht-Sehenden, füllen in ihrer Fantasie die schwarzen Bilder mit eigenen Farben und lernen mit einem Schlag, die schwer vorstellbare Welt eines blinden Kindes zu begreifen. Solche Sensibilisierungen für genaues, intensives Beobachten sind Erfahrungen fürs ganze Leben und geben eine erste Ahnung davon, was Kunst alles kann.

Je wirklichkeitsgetreuer, desto besser?

Künstlerisch anspruchsvolle Bilderbücher helfen dabei, ein sicheres ästhetisches Urteilsvermögen zu entwickeln. »Kinder sind voller Neugier und wissen schöne Dinge sehr wohl zu würdigen – wenn man sie entsprechend heranführt«, sagt die italienische Verlegerin Fausta Orecchio. »Denn nur wer das Schöne kennt, vermag zu unterscheiden und das eigene kritische Urteil zu fördern.«

Wer als Kind nur mit realistischen Darstellungen zu tun hat, wird sich als Erwachsener eher selten für abstrakte Kunst begeistern können, weil er keinerlei Übung in der Deutung des Gesehenen hat. Dann erkennt man in der Tat vor allem Farbkleckse oder Linien, weil jegliche Idee fehlt, was damit gemeint sein könnte.

Ein Ausflug ins Bilderbuchmuseum Troisdorf

Wer sich für die Entwicklung von Bilderbüchern, originale Bilderbuchseiten und die Arbeit von Illustratoren interessiert, sollte einmal in Troisdorf bei Bonn die Burg Wissem besuchen: Dort befindet sich Europas bislang einziges Bilderbuchmuseum, in dessen Präsenzbibliothek man in mehr als 3.000 Bilderbüchern schmökern kann. Und zwar keineswegs nur in alten Schinken, sondern auch in wichtigen aktuellen Neuerscheinungen.

Für kleinere Kinder gibt es neben der Bibliothek ein Spielzimmer zum Bauen, Toben und Spielen, sodass man das im Buch Gesehene nachspielen kann. Unterschiedliche Ausstellungen setzen immer neue Akzente, auch im Bereich der Künstlerbücher, und das Museum ist reich an Originalen von Künstlern wie Nikolaus Heidelbach, Tomi Ungerer, Jutta Bauer, Leo Lionni, F. K. Waechter, Wolf Erlbruch etc. Zudem ist es das weltweit größte Zentrum von Exponaten von Janosch.

Bilderbuchmuseum Troisdorf

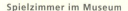

Spielzimmer im Museum

Dazu sind in Troisdorf mehr als 2.000 Kinder- und Jugendbücher aus der Zeit von 1498 bis zur Mitte des 20. Jahrhunderts aus der Sammlung von Prof. Theodor Brüggemann zu sehen. Und wer einmal erleben möchte, wie unterschiedlich Künstler ein einziges Thema illustrieren können, muss sich den Raum mit der Rotkäppchen-Sammlung des Schweizer Buchhändlerehepaars Elisabeth und Richard Waldmann anschauen: 800 Bücher vom 18. Jahrhundert bis heute zeigen die unterschiedlichsten Illustrationen.

Neben regelmäßigen Führungen für Kinder wie für Erwachsene veranstaltet das Museum auch Workshops, Fortbildungsmaßnahmen für Lehrer, Erzieher und Bibliothekare, Lesungen, Konzerte, Theateraufführungen und Ferienaktionen – es richtet sogar Geburtstage für Kinder (und Erwachsene!) aus.

Und noch etwas: In den Beständen des
Bilderbuchmuseums kann man unter
www.bilderbuchmuseum.de
per Mausklick sogar online stöbern.

Häufig gilt das Überprüfbare als »gut«: Räumlich, perspektivisch und figürlich der Wirklichkeit entsprechende Bilder werden als Ideal postuliert. Wenn Eltern sagen: Jetzt zeichne das doch mal richtig!, fordern sie eine realistische Darstellung.

Hier wirkt die seit 150 Jahren virulente Einschätzung über den Nutzen von Kunst nach. Kunst hat dann einen Wert, wenn sie für einen Beruf nützlich ist, für Konstruktionszeichnungen, architektonische Entwürfe, Vermessungen etc., was bedeutet: Das Dargestellte muss wiedererkennbar und in der Wirklichkeit umsetzbar sein. Wobei schon Goethe wusste: »Wenn ich den Mops meiner Geliebten zum Verwechseln ähnlich abzeichne, habe ich zwei Möpse, aber noch lange kein Kunstwerk.«

Wer nie mit Fantasie an die Betrachtung eines Bildes gegangen ist, wird sich bei experimentellen Büchern mit ungewohnten Sichtweisen auch nicht den Fragen seines Kindes aussetzen wollen, um dann hilflos Antworten schuldig zu bleiben.

Kinder sollten möglichst unterschiedliche Illustrationsstile kennenlernen – da sie in ihrem Kunstgeschmack noch nicht festgelegt sind, sind sie sehr offen. Bücher wie »Das kleine Museum« oder die »Die ganze Kunst« bieten eine große Bandbreite künstlerischer Stile. Im »Kleinen Museum« finden sich etwa unter dem Buchstaben K ein surrealistischer Kamm von Magritte, eine Kampfszene von Honoré Daumier, Vorläufer der modernen Realisten, ein Kanu von Frédéric Remington, impressionistisch dargestellte Kartoffeln von van Gogh, eine Katze des Renaissancemalers Lorenzo Lotto, ein Knopf von Domenico Gnoli, Kuchenstücke von Wayne Thiebaud, ein Kuss, den Jean Hey Ende des 15. Jahrhunderts gemalt hat, und eine Kutsche des Naiven Henri Rousseau. »Die ganze Kunst« stellt Fotos, Gemälde, Siebdrucke, Zeichnungen und Skulpturen, selbst arrangierte Playmobilmännchen nebeneinander und zeigt einen lebendigen, kreativen Umgang mit Kunstwerken. Sie werden nicht auf ein Podest gestellt, sondern laden zur unmittelbaren Auseinandersetzung ein – die auch Erwachsenen großen Spaß machen kann, wenn sie mit Kindern in ein Kunstmuseum gehen und sich gegenseitig erzählen, wer was auf dem Bild sieht.

STEFAN HAUCK ■

Ein Bilderbuch ist wie eine Kiste voller Spielideen

Wie aus Bilderbüchern eigene Kunstwerke und Spiele entstehen

An eine Szene in meiner Kindheit erinnere ich mich besonders deutlich: Ich ging in die erste Klasse, alles war neu und aufregend. Auf dem Heimweg von der Schule entspann sich zwischen meinem Freund Thorsten und mir ein Spiel, das wir immer weiter ausschmückten. An den Inhalt kann ich mich nicht mehr erinnern, nur daran, dass wir in eine ganz andere Welt versunken waren. Und dass plötzlich Thorstens Mutter vor uns stand und uns anschrie. Wir hatten die Zeit vergessen, eigentlich alles um uns herum, und unsere Mütter hatten sich größte Sorgen gemacht, wo wir geblieben waren. Mit einem jähen Bruch war die Zeit des unbekümmerten Spielens vorbei und kehrte in dieser Form nie wieder zurück. Aber ich lernte lesen, und das Abtauchen in Bücher wurde zu einer neuen Spielart.

Jede Frage ist ein neues Spiel

Es braucht nicht viel, um die Fantasie in Gang zu setzen, sie ist an jedem Ort abrufbar. Jede Frage birgt ein neues Spiel in sich. Wo zum Beispiel sind die Tiere im Zoo, wenn es regnet? Was zunächst einmal nach einem misslungenen Ausflug klingt, entpuppt sich in Isabel Pins »Ein Regentag im Zoo« als spannende Entdeckungsreise. Die Tiere bleiben in ihren trockenen, warmen Häusern. Aber wie sieht das Haus einer Giraffe, eines Flamingos oder eines Pinguins aus? Anna und ihr Vater durchstreifen den Tiergarten und finden immer neue, abenteuerliche Häuser, die sich architektonisch den Formen der Tiere angeglichen haben. Hinter den Klappen des Pappbilderbuchs warten die Bewohner.

Spieleffekte wie Klappen werden von jeher eingesetzt, um die Entdeckerfreude der Leser zu stimulieren. Isabel Pin geht in ihren mit satten Farben inszenierten Landschaften noch kreativer damit um. Bereits die Form lädt zum Raten ein, auch zum Weiterspielen: Mal doch mal das Haus einer Fledermaus! In welchem Haus würdest du am liebsten wohnen? Weißt du etwas über Schlangen?

Die Fantasie von Kindern ist unerschöpflich, genau deshalb sind sie oft so sehr in ihr Spiel versunken, dass ein Stuhl in diesen Momenten zum hohen Mast eines Schiffes, der Fußboden zum weiten Meer wird. Erwachsene kommen da oft nicht mit.

Das zeigt Antoinette Portis in ihrem Bilderbuch »Das ist kein Karton!«. Konsequenterweise ist das Cover kartonfarben, und wenn wir das

Hier sieht's kalt aus!
Wer schützt sich in
diesem Haus vor der Kälte?
Weißt du auch das?

EIN REGENTAG IM ZOO

Hier sieht's kalt aus!
Alles ist voller Eis!
Doch wer schützt sich darin
vor der Kälte?
Weißt du auch das?

Buch öffnen, entpuppt es sich als Spielkiste voller Möglichkeiten.

»Was machst du da oben auf dem Karton?«, fragt die Erzählerstimme den kleinen Hasen. Wir blättern um. Auf die schwarz-weiße Frage erscheint die fantasievolle Antwort in Gelb und Rot. Der kleine Hase sagt: »Das IST kein Karton!« – er hat nämlich einen Gipfel erklommen, den er aus dem Karton gebastelt hat. Ein simples Prinzip, das sich mit wenigen Strichen durch

DAS IST KEIN KARTON!

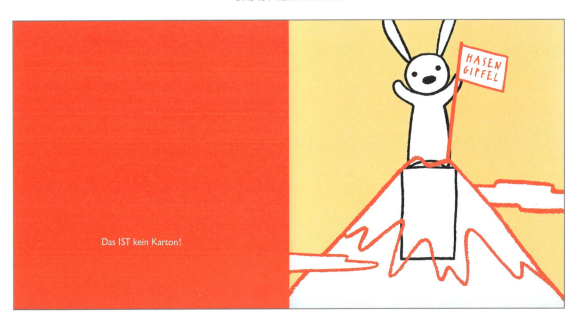

das ganze Buch zieht – und genau in dieser Einfachheit liegt die Stärke des Buches.

Wer mit kleinen Kindern spielt, merkt, dass sie nicht unbedingt nach einem ausgefuchsten Fühlbuch mit 20 Spezialeffekten greifen. Ein Schlüsselbund, ein Kochlöffel – oder ein Karton – können viel spannender sein: weil sie alles sein können.

Marianne Wasserburger, Inhaberin des Kinderbuchladens Mäx + Moritz in Baden-Baden, hört von ihren erwachsenen Kunden immer wieder die Frage: »Was kann denn das Bilderbuch?« Ihre Antwort lautet: »Es kann Spaß machen!« Vielleicht entsteht ja beim nächsten Kindergeburtstag eine kleine Kartonstadt für Zootiere. Oder es werden Waschmaschinen speziell für Ringelsocken angefertigt.

Farben mischen

Genial einfach ist auch »Das kleine Blau und das kleine Gelb« von Leo Lionni. Der Erfinder von »Frederick« und »Swimmy« erzählt in seinem ersten Bilderbuch von einer fantastischen Farbenlehre: Das kleine Blau hat einen besten Freund, das kleine Gelb. Eines Tages, als sie sich umarmen, werden beide grün – so ist das, wenn man Blau und Gelb zusammenrührt. Nicht weiter tragisch, doch als sie nach Hause kommen, werden sie von ihren Eltern nicht mehr erkannt. Sie beginnen zu weinen, und das ist ein Glück: In Tränen aufgelöst, werden sie wieder zum kleinen Blau und zum kleinen Gelb.

40 Jahre später begegnet uns dieses Motiv vom Zusammen- und Auseinandergehen in einem Bilderbuch von Jutta Bauer wieder. Malwida, »Die Königin der Farben«, springt zu Beginn der Geschichte recht rüde mit dem Blau, dem Rot und dem Gelb um. Es kommt zu einem Streit mit den Farben, plötzlich ist alles grau. Wie eine große Depression hängt das Grau über der gesamten Landschaft, bis die Königin anfängt zu weinen.

Alles zerfließt wieder in die Originalfarben. Vor lauter Freude beginnt Malwida ein zärtliches, ausgelassenes Spiel mit dem Blau, dem Rot und dem Gelb, eine Explosion der Fantasie, die jeden Betrachter dazu auffordert, selbst den Buntstift in die Hand zu nehmen. Dafür hat Jutta Bauer auch eine Doppelseite freigelassen,

DAS KLEINE BLAU UND DAS KLEINE GELB

Zusammen fingen die zwei Kleinen
In tiefem Kummer an zu weinen.

Sie wurden Tränen ganz und gar,
Was – wie man sieht – recht nützlich war …

DIE KÖNIGIN DER FARBEN

»für eigene Versuche«, und der Name der Königin – Malwida! – klingt wie eine stürmische, lustige Aufforderung.

Leo Lionni und Jutta Bauer vermitteln vor allem eines: die Lust, selbst kreativ zu werden.

Die Idee zu »Das kleine Blau und das kleine Gelb« entstand übrigens in einem Spiel: Lionni hatte seine beiden Enkelkinder abgeholt und wollte mit ihnen im Zug nach Hause fahren. Aktionswütig, wie sie waren, musste er sich schleunigst eine Geschichte für sie ausdenken, bevor sie das Abteil zerlegten. Lionni nahm eine Zeitschrift, zerriss eine Seite mit blau-gelb-grüner Illustration in kleine Stücke und breitete sie auf dem Aktenkoffer auf seinen Knien aus: »Dann erzählte ich aus dem Stegreif eine Geschichte über die beiden Farben, das kleine Blau und das kleine Gelb, die Busenfreunde waren und zusammen auf lange Wanderschaft gingen. Eines Tages spielten sie in einem Wald Verstecken und verloren sich aus den Augen.

DIE KÖNIGIN DER FARBEN

Verzweifelt suchten sie überall – vergeblich. Dann plötzlich fanden sie einander hinter dem dicksten Baum der Welt und umarmten sich vor Glück, und als sie sich umarmten, wurden sie zum kleinen Grün. Die Kinder saßen da wie angewurzelt, und ich merkte, dass die Reisenden, die in Hörweite saßen, ihre Zeitungen hingelegt hatten und auch zuhörten. Also ließ ich ihnen zuliebe das kleine Grün zur Börse gehen, wo es sein ganzes Geld verlor. Es brach in gelbe Tränen und in blaue Tränen aus, und als es tränenüberströmt war, waren da wieder das kleine Blau und das kleine Gelb, und ihre Aktien stiegen um zwölf Punkte. Die Kinder klatschten Beifall, und einige Reisende fielen in den Beifall mit ein.«

Zu Hause angekommen, klebte Lionni gemeinsam mit den Kindern die Papierfetzen in ein Buch mit leeren Seiten.

»Wir haben ein Buch gemacht!« riefen die Kinder, als ihre Mütter sie abholten.

Ein Verleger erkannte das Potenzial des kleinen Kunstwerkes, das inzwischen längst zum Klassiker geworden ist.

Mit Büchern spielen

Das wohl bekannteste Bilderbuch in Collage-Technik stammt von Eric Carle: »Die kleine Raupe Nimmersatt« gehört zum Inventar eines jeden Kindergartens.

Die frisch geschlüpfte kleine, grüne Raupe hat einen Riesenappetit und frisst sich am Montag durch einen Apfel – »aber satt war sie immer noch nicht«. So geht es die ganze Woche weiter, durch Birnen, Pflaumen, Käse, Wurst, Schokoladenkuchen und vieles mehr, bis das kleine Tier sich verpuppt und schließlich zum wunderschönen Schmetterling wird.

Die ausgestanzten Löcher lassen Kinder die Geschichte sinnlich begreifen, der Lerneffekt – Wochentage, Zahlen, Früchte erkennen, das Raupenleben begreifen – wird nebenbei mitgenommen.

Auch Carle entwickelte seine Idee in einer Art von Spiel: »Eines Tages hatte ich nichts zu tun. Spielerisch, ja fast gelangweilt, stanzte ich mit einem Locher Löcher in einen Stoß Papier. ›Ah,

Die kleine Raupe Nimmersatt inspiriert zu eigenen Kunstwerken

In Kindergartengruppen lässt sich die längste Raupe der Welt basteln

ein Bücherwurm könnte das getan haben‹, ging es mir durch den Kopf, als ich die Löcher anschaute. So fing es an.«
Der Künstler, der mit seiner Frau Barbara im amerikanischen Ort Amherst ein Bilderbuch-Museum gegründet hat, regt mit seiner »leichten« Art der Illustration Kinder dazu an, eigene Bilder zu malen. »Das kann ich auch!«, heißt es – und los geht es.

In Kindergartengruppen lässt sich die längste Raupe der Welt basteln: Jedes Kind gestaltet ein Raupenglied auf einem Stück Papier bzw. Karton und koloriert oder beklebt es in Carle-Art mit Papierschnipseln. Die fertigen Einzelglieder werden etwas oberhalb der Mitte an beiden Seiten gelocht und mit Flachkopfklammern verbunden. Wenn nun jedes fünfte Glied auch oben gelocht wird, kann man einen langen Wollfaden hindurchziehen und die Riesenraupe mit den gewünschten Krümmungen aufhängen. Zur Verfeinerung können oben kurze Wollfäden als Härchen und unten kleine Raupenfüße angeklebt werden.
Zum Schluss wird das Kunstwerk gemessen und die Kinder zählen mit.

Oder man inszeniert ein kleines Raupen-Theaterstück, bei dem jedes Kind ein Raupenglied darstellt. Benötigt werden dazu grüne Kleidung und Schminke.

Oder man gestaltet ein Kochbuch für die Raupe und ihre Freunde: Denn mit allem, was das Tier verschlingt, lassen sich ja auch leckere Rezepte ausprobieren.

UNSER HAUS!

Ein Spielbuch ganz anderer Art hat die Papierkünstlerin Antje von Stemm kreiert: »Unser Haus!« gewährt Einblick in sechs Zimmer von sechs Wohnungen unter einem Dach.

Sie lassen sich dank der Spiralbindung der großformatigen Pappe zur Seite wegklappen, sodass man quer durchs Haus laufen, eine ganze Wohnung besichtigen und ihren Bewohnern durch den Tag folgen kann.

Das Mädchen, das im ersten Stock rechts wohnt, feiert Geburtstag und hat einige Hausbewohner eingeladen. In der WG im Dachgeschoss hat jemand Pfannekuchen fürs Fest gebacken, nebenan lernt ein Seefahrer eine Nixe kennen. Im Erdgeschoss wohnt ein Designerpärchen mit Mondrian-Bild hinter dem Fernseher, die Wohnung nebenan ist weniger aufgeräumt, hier lebt eine Mutter mit ihren drei Kindern. Darüber kümmert sich eine Opernsängerin um ihre Hunde.

Unterschiedliche Lebensstile werden abgebildet. Und der Betrachter fragt sich unweigerlich, wo er wohl am liebsten einziehen würde oder was er am eigenen Zimmer gern verändern möchte.

Obendrein hat Antje von Stemm, die als Kind schon praktisches Zaumzeug für ihre Katze häkelte, ein Suchspiel integriert: Es gilt, sechs Mäuse, Katzen, Boote, Autos, Herzen und Telefone zu finden.

Zu Besuch im Binette-Schroeder-Kabinett in der Internationalen Jugendbibliothek

Wie sieht die Gedankenwelt eines Bilderbuchkünstlers aus? Macht der nur Bücher, oder liest er auch welche? Was tut er, wenn er nicht gerade Bilder malt? In die Werke von Binette Schroeder können Kinder und Erwachsene in der Internationalen Jugendbibliothek in München eintauchen. Dort, auf Schloss Blutenburg im Dachgeschoss des »Prinzenstalles«, wurde 2005 das Binette-Schroeder-Kabinett eröffnet, das die Quellen der Inspiration zu Bilderbüchern wie »Lupinchen« und »Laura« zeigt – und damit die Kreativität des Betrachters weckt.

Neben Originalillustrationen sowie der internationalen Bilderbuchsammlung, rund 3.000 Büchern der Künstlerin, findet der Besucher zum Beispiel »Klapp auf und Klapp zu«-Schränke (eine Figur aus »Lupinchen«), in denen Bilder angestrahlt werden. Oder ein verborgenes mechanisches Theater sowie zahlreiche Objekte aus Schroeders Sammlung.

»Ich möchte Kindern kleine Bühnen malen, die sie dazu verlocken, hineinzusteigen, hineinzuwandern, bis hin zu den verschwimmenden Horizonten, die neue Ausblicke in noch fernere Welten zu versprechen scheinen, Bühnen der Fantasie«, sagt Binette Schroeder.

Begeben wir uns zum Beispiel in ihr Buch »Laura«, sehen wir bereits auf dem Vorsatzpapier, dass das Mädchen und seine Tante in einem ganz besonderen Baumhaus wohnen, durch das Bäume hindurchgewachsen sind und es bis unter die Baumkronen emporgehoben haben. Von schimmerndem Licht angezogen, verlässt Laura eines frühen Morgens mit ihrem Bären Brum-

LAURA

mel das Haus und findet auf einer Waldlichtung ein Nest, in dem ein Humpty Dumpty schläft, ein Ei mit einer langen Nase, Armen und Beinen. Dieses Wesen erschrickt vor Laura und läuft weg, doch das Mädchen rettet es vor dem Fallen und fragt: »Wollen wir zusammen spielen?« – »Und sie spielten Wolkentanzen, Wasserfallen, Bäumewerfen, Felsenwackeln, Käferwecken, Scheckennecken, Blumenblättern, Blätterrutschen – bis sie ganz außer Atem waren.« Offensichtlich einen ganzen Tag lang, denn zum Abend verabschiedet sich das Mädchen. Humpty Dumpty aber hat Angst vor der Nacht, in der die Gewitterschmettervögel kommen und er ganz allein ist. Also überlässt das Mädchen ihm seinen Bären. Doch als es in der Nacht tatsächlich gewittert, greift Laura nach ihrer Taschenlampe, dem eigenen Licht, geht zurück in den Wald, um den Freund zu beschützen. Gemeinsam schlafen sie unter einem Baum ein. Am nächsten Morgen findet das Mädchen nur ein paar Eierschalen vor. Dafür steht plötzlich ein prachtvoller Vogel neben ihr und sagt: »Hallo Laura, wollen wir wieder zusammen spielen?« Gemeinsam sieht man sie zum Baumhaus fliegen.

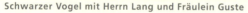

Schwarzer Vogel mit Herrn Lang und Fräulein Guste

Binette-Schroeder-Kabinett

»Laura« ist ein Buch mit dunklen Tönen. »Ich habe bewusst den ›Weg ins Dunkle‹ gesucht«, erklärt die Künstlerin, »nicht zuletzt deswegen, weil in der Geschichte von Laura und Humpty Dumpty die Bewältigung von dunklen, unbewussten Ängsten dargestellt wird, von Ängsten, die sich mithilfe des Lichts (Lauras Taschenlampe) und des klaren Sehens auflösen.« Sie lösen sich aber auch auf durch das gemeinsame Spiel, das von den Lesern fortgeführt werden kann.

Wer einen Humpty Dumpty basteln möchte, findet im Binette-Schroeder-Kabinett ein wunderschönes Exemplar als Anregung. Ebenso sind dort bemalte Steine zu entdecken wie jener, der dem Froschkönig ihres gleichnamigen Märchenbilderbuchs so ähnlich sieht. Auf einem alten Holzbrett ist ein schwarzer Vogel in eine fröhliche Landschaft gemalt, er hat ein leuchtend blaues Glasauge. Daneben stehen Herr Lang und Fräulein Guste, Langustenköpfe auf Fotokarton-Sockeln. Eine fantastische Ausstellung, in der die Besucher in Bilderbuch-Welten eintauchen können.

Mal dich!

Das Malen ist das Thema in Erna Kuiks Bilderbuchdebüt »Zwei lange, lange Ohren«. Genauer: das Selbstporträt. Hase Bastian zerreißt eine Zeitung, in der er alle Artikel längst kennt, stellt Spiegel, Pinsel und Farbe auf den Tisch und denkt nach. So sehr ist er in seine Aufgabe versunken, dass er Amos, Pip und Rose erst gar nicht bemerkt. Sie wollen ihn zum Spielen abholen. »Nein, lieber nicht, ich will etwas machen«, antwortet Bastian und lädt seine Freunde ein, hereinzukommen.

Bastian malt sich selbst. Doch seine langen Ohren passen nicht ins Spiegelbild. Und so sinniert Bastian vor seinem Werk: »Irgendetwas fehlt noch.« Wie er den Spiegel auch dreht, seine Ohren kann er nicht sehen. »Dann zeichne ich die Ohren eben, wie ich sie spüre«, das ist des Hasen Lösung, und er malt sie in allen Farben: Denn Gefühle können rot, blau, gelb oder noch ganz anders sein.

Das Ergebnis leuchtet schöner als echte Hasenohren, was Bastian zu neuen Gedankenspielen treibt: »Ach, könnte ich auch solche Ohren haben, blaue oder gelbe oder ...« Er wird zum Designer und näht sich einen roten Ohrenhut. Die Freude darüber teilt er mit seinen Freunden, auch sie bekommen passend geschneiderte Accessoires. Die Hasenwelt ist ein Stück bunter geworden.

Erna Kuik, Kunstlehrerin für Kinder, zeigt ein wenig von der Einsamkeit des Künstlers, der über einer Idee brütet. Es ist keine tragische Situation, seine Freunde lassen ihn einfach in Ruhe. Als das Werk dann vollbracht ist, können sich alle gemeinsam darüber freuen und es wird Teil eines neuen Spiels. Wer weiß, was die vier aus der Hasen-Ohrenhut-Idee noch alles entwickeln werden? Und wozu sie den Leser dieses Bilderbuches inspirieren werden?

Selbstporträts sind später häufig Gegenstand im Kunstunterricht. Wer das Thema vertiefen möchte, dem sei das kleine Sachbuch »Mal mir

ZWEI LANGE, LANGE OHREN

mich« von Pauline Sebens empfohlen. Die Geschichten zur Porträtkunst zeigen Hintergründe zu Bildern wie Leonardos Mona Lisa, Werken von Albrecht Dürer, Vermeer und Frida Kahlo, ergänzt durch Anregungen für eigene künstlerische Versuche.

Mit Worten spielen

Man kann mit Farbe experimentieren, mit Papier, Wolle, Steinen, Holz. Doch für den Fall, dass nichts von alledem greifbar sein sollte – auf einer Reise zum Beispiel, auf der man keine Zeitschrift zerreißen kann –, für diesen Fall lässt sich immer und überall mit Sprache spielen. »Stille Post« zum Beispiel – sie heißt im Bilderbuch von Adelheid Dahimène und Selda Marlin Soganci »Weitersagen!« (s. S. 62). Oder man denkt sich Reime aus: Es ist eine Form, die es jedem Hörer erleichtert, Texte auswendig zu lernen, vor allem demjenigen, der (noch) nicht lesen kann und auf das Zuhören angewiesen ist. Reime animieren aber auch dazu, selbst kreativ mit Sprache umzugehen.

Mit großer Einfachheit hat Nadia Budde das Versspiel in ein Pappbilderbuch umgesetzt, das zum jahrelangen Begleiter werden kann: »Eins zwei drei Tier« überzeugt mit vier Figuren und Worten auf einer Seite, denen nur Nummer fünf fehlt, um sich in einem Fingerspiel aufzulösen. »Glatt – lockig – kraus – Maus. Mit Hut – mit Maske – mit Fratze – Katze.«
So reduziert die Figuren gezeichnet sind, so sehr überzeugen sie durch ihre Mimik. Man wird den Gedanken nicht los, dass sie die Spitze eines Fingerhut-Theaters sind, und beginnt, auf langen Zugfahrten, beim Anstehen im Supermarkt oder kurz vorm Einschlafen, ihre Gesichter auf die eigenen Fingerkuppen zu kritzeln und neue Reime zu erfinden. Das Schöne daran: Die erste Figur hat mit der letzten überhaupt nichts zu tun. Es kommt allein auf den

EINS ZWEI DREI TIER

EIN ELEFANT AUF MEINER HAND

Klang der Sprache an, und das lässt der Fantasie freien Lauf.

Nadia Budde hat mit Jeremy Fitzkee auch eine englische Version geschaffen: »One two three me«. Womit wir in mehrsprachigen Kindergruppen schon bei den nächsten Möglichkeiten wären – reimt sich das auf Spanisch oder Türkisch auch so schön, oder müssen wir einen Umweg gehen für eine klangvolle Übersetzung?

Mit Händen spielen

Mit den Fingern spielen, kann zur großen Kunst werden. Lucie Albon führt sie uns in ihrem Bilderbuch »Ein Elefant auf meiner Hand« vor. Alle Figuren – vom Elefanten über Giraffen, Zebras oder Krokodile, ebenso die Schauplätze, an denen sie sich aufhalten – hat die Künstlerin auf Hände gemalt und abfotografiert.

Die Geschichten sind einfach: Der Elefant hat Schluckauf, ein Affe erschreckt ihn, um den Schluckauf zu vertreiben. Eine Gazelle möchte so groß sein wie die Giraffen, um endlich wahrgenommen zu werden, die Giraffen beugen sich zum Wassertrinken herab, und schon ist das Problem gelöst. Lange aber verharrt das Auge auf den Bildern.

Die Figuren sind schnell erkannt, der Untergrund – die Hand – wird immer neu entdeckt. Das Staunen ist groß: Ein ganzer Urwald findet darauf Platz, die Struktur der Haut wird zu den Schuppen einer Schlange oder zu Sandkörnern in der Wüste, zu den Wellen des Ozeans. Am Ende des Buches finden sich praktische Anleitungen für ein eigenes Fingertheater – man benötigt nur abwaschbare Handmalfarbe, ein Glas Wasser, einen dünnen und einen dicken Pinsel, und schon gehen die Geschichten weiter. Oder wie wäre es mit einem Zehentheater?

Alles ist möglich – ein Workshop mit Selda Marlin Soganci

Sie hat eine ungewöhnliche Technik des Illustrierens gewählt: Selda Marlin Soganci malt auf Holz. Am liebsten auf Fichtenplatten, kleinere Werke aber auch auf Pappelholz. Mit Ölkreide arbeitet sie gern, da kann sie Flächen auch verwischen, Wachsmalstifte sind ihr zu hart. Dazu kommen Bunt- und Bleistifte, manchmal ritzt sie Muster in die Farbflächen oder stempelt Muster als Hintergründe.

Eine Technik, die aufwendig ist, aber ganz besondere Effekte hervorbringt. Denn die Holzmaserung wird Teil der Illustration, gibt den Bildern ihren ganz eigenen Charakter. Selda Marlin Soganci fertigt auch die Bühnenbilder für das mobile Münsteraner Theater Don Kid'schote aus Holz – und gibt ihr Wissen in Workshops weiter, an kleine und an große Künstler. Ihre Erfahrungen dabei?

»Ich habe oft den Eindruck, die Kinder experimentieren nicht mehr so richtig in der Schule«, berichtet die Künstlerin. Vor allem bei aufwendigeren Techniken komme wohl der Pragmatismus der Lehrer zum Zug. Nach 45 Minuten möchte man nicht unbedingt Farben, Holzspäne und Klebespuren beseitigen, da verursache ein Selbstporträt mit Kohlestiften schon deutlich weniger Arbeit.

»Einmal hat ein Kind gesagt, Buntstift und Kreide in einem Bild, das darf man nicht«, erinnert sich Selda Marlin Soganci. »Bei mir dürfen sie alles machen.« Zum Beispiel in ihrem Malworkshop zum Bilderbuch »Weitersagen!« (Text von Adelheid Dahimène).

Der Löwe hat eine wichtige Botschaft und flüstert sie dem Büffel ins Ohr: »Schibu halu matei. Froga lima suki.« Da versteht man gar nichts? Es wird vorerst so bleiben in diesem Buch. Der Büffel gibt die Worte an das Zebra weiter, so wie er sie verstanden hat: »Hinu gasu raki. Toba nida butti.« Sie wandern über Gazelle, Giraffe, Schakal, Wüstenspringmaus, Aasgeier bis zum Tiger. Und der hört, welch Wunder, die Originalbotschaft: »Der Tiger schläft. Bitte nicht stören.«

WEITERSAGEN!

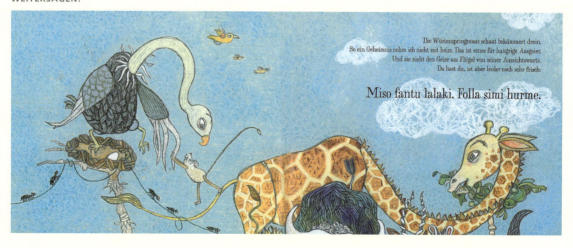

Die Tiere sind überrascht, »dabei hatten wir gedacht, dass es regnen wird, wir haben gedacht, das Faultier ist fleißig geworden, alles Schreckliche haben wir gedacht, nur nicht, dass der Tiger auch einmal schlafen könnte«.

Die »Nonsens«-Sprache ist ein Aspekt der Geschichte. Denn fast jedes Kind entwickelt irgendwann seine eigene Geheimsprache. Dass ein Geheimnis immer größer wird, je mehr Beteiligte glauben, es zu kennen, dass sich die Wahrheit beim »Weitersagen« immer weiter verändert, bis sie womöglich wieder beim Ursprung landet: Dies sind weitere Facetten, die sich über die Geschichte hinweg erschließen und diskutieren lassen.

In Selda Marlin Sogancis Workshops entsteht zunächst ein Tiersprachenpuzzle. »Zebras, Hühner, Schnecken, Fische – alle Tiere zu Lande und zu Wasser machen mit und unterhalten sich schließlich, gemalt auf Holzbrettern – ganz so wie in meinem Bilderbuch«, erklärt die Künstlerin. Und weil zum Stille-Post-Spielen immer mehr als einer gehört, malt jedes Kind nicht nur für sich alleine an einem Bild: Jeder kann und soll sich am Bild seines Tischnachbarn beteiligen, bis am Schluss aus allen aneinandergelegten einzelnen Bildformaten eine tierische Bilderkette entstanden ist.

Dann kommt die Perspektive ins Spiel: Für einen »Tierbaukasten« malen Kinder Tierköpfe im Profil, Tierhälse und -rümpfe von vorne und hinten auf Papier, schneiden diese aus und verstärken sie gegebenenfalls mit Pappe.

Jetzt können die Elemente untereinander ausgetauscht und verändert werden.

»Mithilfe des so entstandenen Fundus werden von den Kindern ganz individuelle, lustige Ge-

Ein Workshop-Ergebnis

meinschaftstiere zusammengeklebt, die sich Botschaften – zuvor selbst gedichtete Tiersprachensätze – weitererzählen«, erklärt Selda Marlin Soganci. Jedes Tier beugt seinen Kopf und Hals zum nächsten Tier. Es können an einen Rumpf auch durchaus mehrere Hälse und Köpfe angesetzt werden. »Das ist anatomisch gesehen natürlich nicht ganz richtig – es gibt keine Tiere mit mehreren Köpfen –, macht aber Spaß und sieht am Ende als Tierkette fast so aus, als würden alle wild durcheinanderschwätzen.«

Die Perspektive ist schließlich auch ein Stilmittel: »In meinem Bilderbuch ›Herr Jemineh hat Glück‹ zum Beispiel ist das Haus schief gemalt. Ich frage die Kinder dann immer, ob sie meinen würden, ich könne kein gerades Haus malen«, so die Künstlerin. »Das Schiefe drückt vielmehr eine Stimmung aus, nämlich dass die Welt von Herrn Jemineh ein wenig ins Wanken gerät.« Solche Erkenntnisse und auch der Vergleich zwischen den Originalbildern und dem, was im Buch daraus geworden ist, machen Kindern Bücher begreifbar. Einen echten Künstler kennenzulernen, von ihm ermutigt zu werden, die eigene Kreativität zu entdecken, das sind besondere Momente, die lange nachwirken.

Spielend Geheimnisse lüften

Die Ernsthaftigkeit des Spiels – in der Kindheit ist sie so selbstverständlich, dass wir sie später vergessen. Aber mit dem Spiel erschließen wir uns die Welt. Die meisten von uns haben wohl in ihrer Kindheit tote Tiere begraben. Fliegen, Hummeln, vielleicht den ersten Hamster oder den geliebten Kater.

Die erste Konfrontation mit dem Tod bedeutet auch die Schaffung eines Rituals: der Bestattung. Ulf Nilsson erzählt mit Bildern von Eva Eriksson ein todernstes Spiel: »Die besten Beerdigungen der Welt«. Eine Geschichte, die unterschiedliche Reaktionen auslöst: Für Erwachsene bietet sie eine Quelle befreienden Lachens.

DIE BESTEN BEERDIGUNGEN DER WELT

Großmutter hatte neun Mäuse aus den Mausefallen geholt, die hätte sonst die Katze bekommen.
Namen mussten sie haben, also tauften wir sie.
»Ich taufe dich auf den Namen Paula Antonia. Und du bist Klaus-Dieter.«
Eine runde Maus nannten wir Schweinchen Dick.

Leb wohl, du liebes Schweinchen Dick.
Wir wünschen dir im Tod viel Glück.

Für Kinder bildet sie eine Selbstverständlichkeit ab. Die Diskrepanz zwischen dem Tod und einem pragmatischen Umgang damit ist ihnen noch nicht bewusst: eine unbefangene Haltung, aus der sich vieles lernen lässt.

»Einmal hatten wir Langeweile und wollten etwas Lustiges machen. Ester fand eine tote Hummel und freute sich. ›O wie traurig, o wie furchtbar‹, sagte sie, ›endlich passiert was.‹«

Aus ernsten Angelegenheiten werden Kinder häufig ausgeschlossen. »Das verstehst du noch nicht«, wird ihnen in Situationen erklärt, die auch für Erwachsene schwer zu begreifen sind. Dürfen Kinder zur Beerdigung ihrer Großmutter oder ihres Großvaters gehen, wenn sie noch klein sind?

Man spürt das große Geheimnis als Kind. Die Erwachsenen werden ernst, ziehen sich zurück, geben keine Auskunft mehr. Dem Kind bleibt das Spiel.

Ester, Putte und der Ich-Erzähler gründen ein Beerdigungsinstitut für tote Tiere. Mit großer Professionalität gehen sie ans Werk: »Ester war für das Graben zuständig. Ich würde die Gedichte schreiben. Und Putte sollte weinen.« Die drei stellen einen Koffer zusammen, in dem alles enthalten ist, was man für die besten Beerdigungen der Welt braucht: Neben einer Schaufel und Holz für die Kreuze sind dies viele Schachteln als Särge, hübsche Grabsteine und Samen, aus denen Blumen werden sollen. Dann geht es an die Kundenakquise, denn zufällig aufgefundene Tiere reichen nicht aus für ein funktionierendes Kleinunternehmen. Man hört sich in der Nachbarschaft um, findet drei tote Heringe im heimischen Kühlschrank und sieht sich auf der Landstraße nach überfahrenen Tieren um.

Das Buch endet konsequent und realitätsnah: »Am nächsten Tag machten wir dann etwas ganz anderes.« Denn so tief und ernsthaft Ester, Putte und der Ich-Erzähler in ihr Spiel versunken sind, es bleibt die Leichtigkeit, die Kindern alle Möglichkeiten eröffnet. Ihren Gedanken sind keine Grenzen gesetzt. Die entstehen erst durch die Konventionen der Erwachsenen, die vieles nicht mehr zu denken wagen – und sich deshalb immer wieder über die Spiele ihrer Kinder wundern.

Wir können noch viel zusammen machen

Gemeinsam Grenzen überwinden

Auch die Eltern von Fisch Harald, Schwein Inge und Vogel Philip stehen den Wünschen ihrer Kinder ratlos gegenüber. Die drei Einzelkinder beschweren sich, dass sie niemanden zum Spielen haben.

»Wir können noch viel zusammen machen« von Friedrich Karl Waechter erschien erstmals 1973 und hat nichts von seiner Aktualität verloren.

Natürlich könnten Harald, Inge und Philip auch mit den Erwachsenen die Welt entdecken, aber sie wünschen sich Kinder als Spielgefährten. Vogel Philip zum Beispiel möchte schwimmen lernen und begegnet dabei Fisch Harald, der bereits im Teich herumschwimmt und nur lapidar sagt: »Dann komm zum Flachen.« Kein (erwachsener) Gedanke wird daran verschwendet, dass dies schwierig werden könnte. Schwein Inge schließt sich an und möchte gern

WIR KÖNNEN NOCH VIEL ZUSAMMEN MACHEN

fliegen lernen. »Ich glaube, das schaffen wir noch nicht, Inge«, lautet die Antwort, die signalisiert: Ausgeschlossen ist es aber nicht.
»Was können wir denn noch zusammen machen?«, ist die logische Frage der drei Freunde, die sich eben erst gefunden haben, und ihnen fällt eine Menge ein.
Friedrich Karl Waechter hat dem Buch einen Bastelbogen beigelegt, aus dem die Leser die Protagonisten und reichlich Spielmaterial ausschneiden, das Buch weiterspielen können. Die Eltern wundern sich: Harald sei so ausgeglichen, Inge so nett und Philip viel fröhlicher in letzter Zeit: »Ob das an ihren seltsamen Freunden liegt?« Und ob: Auf den letzten drei Seiten sieht man sie gemeinsam tauchen, laufen und – fliegen.

SUSANNA WENGELER

Ein Bilderbuch kann man hundertmal lesen. Und dann noch mal

Warum Bilderbücher nie langweilig werden

Wie viele Romane haben Sie in Ihrem Leben mehrfach gelesen? Sollte es keinen »professionellen« Grund geben, wie ein Prüfungsthema im Studium oder das Lektorieren in einem Verlag: Es dürften nicht allzu viele Bücher sein. Denn die Neugierde treibt die meisten Leser zu immer neuen Geschichten.

Die Erfahrung, einen Roman nach Jahren wieder zu lesen, sie kommt meistens bei Umzügen, in Lebenskrisen oder auch bei positiven Anlässen vor, wie der Geburt eines Kindes. Was aber geschieht dann? Schmeckt man nur noch die Patina einer schönen oder auch traurigen Zeit? Oder spricht der Text erneut für sich, in einer anderen Sprache, entfaltet er sich auf einer anderen Bedeutungsebene?

Wenn man ein Buch neu lesen kann und es in einer späteren Lebensphase andere Perspektiven bietet, wenn verschiedene Menschen unterschiedliche Dinge darin entdecken können, so birgt es eine besondere Qualität. Eine, die für Bilderbücher in noch höherem Maße gilt. Denn die Entwicklungsphasen der Bilderbuchleser liegen viel näher beieinander. Zwischen dem Erfahrungshorizont eines fünf- und dem eines sechsjährigen Kindes liegen ungleich mehr Jahre als zwischen dem einer 32- oder 33-jährigen Frau. Bücher haben ihre Zeit, gute Bücher haben immer Saison. Beim gemeinsamen »Wiederlesen« erfährt man vieles über den Entwicklungsstand eines Kindes, über die Themen, die es beschäftigen. »Man sieht nur, was man fragt«, stellt die Kulturwissenschaftlerin Donata Elschenbroich fest.

Unterwegs ins Leben

Einen ganzen Kosmos an Lebenserfahrungen zeigt uns François Place in seinem opulenten Bilderbuch »Der König der vier Winde«. Eine Karawane zieht durch die Lande, sie erscheint wie ein Fluss des Lebens. Menschen mit unterschiedlichen Aufgaben kommen dazu oder verlieren den Anschluss. François Place zeichnet seine Tableaus so detailreich, dass der Betrachter auf jeder Doppelseite lange verharren kann. Die Gesichter der zahlreichen Figuren erkennen wir nicht, ihre Stimmungen offenbaren sich nur durch ihre Körperhaltung und den Text. Alles Weitere bleibt der Fantasie überlassen.

Die Große Gesandtschaft hat ein Ziel: Sie will dem König der vier Winde ihre Ehrerbietung erweisen. Der lebt am anderen Ende der Welt und soll unschätzbar reich sein. Kundschafter führen den Zug an.« »Mögen sie in ihren Truhen noch so viele Wegbeschreibungen verwahren, sie folgen doch lieber den Spuren der Vagabunden oder den Arabesken des Vogelflugs ... Denn so verhält es sich mit der Großen Gesandtschaft: Sie wählt lieber die Abweichung als die direkte Linie zwischen zwei Punkten. Drei Schritte im Sand reichen aus, um sie von ihrem Weg abzulenken.« Ist also der Weg das Ziel? Allein diese geheimnisvollen, von Bernadette Ott feinfühlig aus dem Französischen übersetzten Worte reichen, um einen ganzen Nachmittag lang Gespräche zu führen. Was ist eine Arabeske? Machst du auch gern Umwege und wenn ja, warum? Ob alle in der Karawane der gleichen Meinung sind? Vielleicht würden manche gern schneller vorankommen. Aber dann würden sie vieles verpassen ...

Die Gesandten, die Anführer der Karawane, haben Geschenke für den König der vier Winde. Einer möchte gar seine Tochter mit ihm verheiraten. Und wenn nicht mit dem König, dann mit jemand anderem aus seinem Clan – nach der Meinung des Mädchens wird nicht gefragt. »Mit jedem Schritt, mit jedem Tag lässt die Prinzessin ihre behütete Kindheit weiter hinter sich zurück. Der Tee in ihrer Tasse schmeckt bitter.«

Ein Thema, das in multikulturellen Gruppen vielleicht eine ganz andere Bedeutung hat. Die Prinzessin wird sich im Laufe der Geschichte emanzipieren, sie stiehlt ein wertvolles Pferd, verkleidet sich als Mann, befreit den irrtümlich des Diebstahls bezichtigten Lautenspieler – eine Abenteuergeschichte mit vielen Aspekten, dabei ist sie nur ein Mosaikstein des ganzen Buches.

Die Große Gesandtschaft setzt sich, je weiter sie gelangt, aus immer mehr Menschen mit unterschiedlichen Sprachen zusammen. Manchmal hilft das beim Entschlüsseln einer fremden Botschaft, und dann wieder verursacht es Schwierigkeiten, wenn man sich streitet. Das Thema Krieg und Frieden klingt an, denn die Karawane hinterlässt ihre Spuren: »An einem Tag ist sie gefräßig wie die Heuschrecken, sie raubt einen ganzen Landstrich aus, ein andermal ist sie uneigennützig wie die Biene, sie vermehrt die Güter derer, die sie bei sich aufnehmen.«

Doch wenn man ein großes Ziel hat, verliert man zuweilen die Realität aus den Augen. Dies zeigt sich, als die Karawane ankommt: So lange war sie unterwegs, dass der sagenhafte Reichtum des fernen Landes längst Vergangenheit geworden ist. Stattdessen hat der König der vier Winde die Vorzüge eines Lebens in Frieden und Fröhlichkeit entdeckt und teilt sie mit seinen Gästen bei einem Festmahl. Der Weise gibt den Dingen eine neue Perspektive: Für ihn ist der Musiker, den die Karawane des Diebstahls bezichtigt und eingesperrt hatte, ein kluger Ratgeber gewesen, dessen Freundschaft er vermisst. Die Gesandten können sich nicht vorstellen, dass ein solch großer Herrscher Wert auf das Wort eines Lautenspielers legt, doch der König weiß: »Kein Leben ist klein und unbedeutend, und ich höre auf die Menschen, wie es mir gefällt. Alles, was wir sagen, kommt von weit her. Jeder von uns ist ein Gesandter.«

Das Buch endet hier – fast. Dem kindlichen Leser gibt es Selbstbewusstsein mit auf den Weg: Egal, wie klein du bist, deine Meinung interessiert. Die Karawane bricht auf. Und der Lautenspieler trifft die Prinzessin wieder, die uns auf der allerletzten Seite ihr Gesicht zeigt, es ist ganz klein zu erkennen, aber deutlicher als bei jeder anderen Figur des Buches. Die beiden finden fernab der Großen Gesandtschaft ihr Glück: Es kommt nicht darauf an, wo man ankommt, sondern bei wem.

Es steckt aber noch viel mehr in »Der König der vier Winde«. Es lassen sich fernöstliche Sprichwörter entdecken. Auch die Kostbarkeit von Büchern wird gezeigt: Die Karawane transportiert eine Bibliothek, zu der auch Gelehrte am Wegesrand Zutritt haben. Denn nur, wenn sich Menschen miteinander austauschen, kann neues Wissen entstehen: eine Botschaft, die sich beim gemeinsamen und wiederholten Lesen dieses Bilderbuches immer wieder aufs Neue bestätigt.

DER KÖNIG DER VIER WINDE

Das Leben der Karawane lockt Händler an. Sie kommen, um zu kaufen und zu verkaufen, um Tee zu trinken und zu würfeln. Rings um die Große Gesandtschaft bildet sich ein Markt aus Decken und Zelten. Es herrscht ein lebhaftes Treiben, von morgens bis abends werden dort Geschäfte gemacht. Münzen aller Art, Kupfer, Gold und Salz werden getauscht, es wird über Maße und Gewichte gestritten, und zum Schluss einigt man sich mit Handschlag.

Die Große Gesandtschaft nimmt hier, was sie andernorts gibt. Sie zieht von Provinz zu Provinz, von Land zu Land. An einem Tag ist sie gefräßig wie die Heuschrecken, sie raubt einen ganzen Landstrich aus, ein andermal ist sie uneigennützig wie die Biene, sie vermehrt die Güter derer, die sie bei sich aufnehmen.

Noch lange Zeit, nachdem sie vorübergezogen ist, hinterlässt die Karawane eine Spur winziger Erinnerungen: kleine Kupfermünzen, Knöpfe, Porzellanscherben, Seidenfetzen, Holzkohle.

drücke den richtigen Klingelknopf.

Du machst mir auf. Wie schön. Da bin ich.

DA BIN ICH

Folgt François Place einer Karawane, begleitet Friedrich Karl Waechter in »Da bin ich« den Weg eines Einzelkämpfers. Die namenlose Hauptfigur, eine Katze, hat zwar zu Beginn noch Eltern und zwei Geschwister. Doch die Katzenfamilie ist aus Sicht der Menschen zu groß, und so werden die drei Kleinsten im Meer ertränkt. Eine grausame Situation, die der Protagonist überlebt: Ein Katzenhai stupst ihn in ein Schiffswrack mit Luftblase. Mithilfe einer gefundenen Pistole erschießt die Katze den Hai, verspeist ihn und taucht anschließend aus dem Meer auf. Sie gelangt an einen Strand, an dem sich Touristen sonnen, nimmt den Zug und klingelt schließlich an der Tür des Bilderbuchbetrachters. »Du machst mir auf. Wie schön. Da bin ich«, sagt sie.

Die furchtbare Odyssee kann auf verschiedenen Ebenen gelesen werden. Zum einen ist sie die Geschichte eines bedauernswerten Katzenkindes. Ältere Betrachter mögen in der Katze einen Flüchtling erkennen, der sein Leben riskiert, um nach Europa und damit in eine hoffnungsvolle Zukunft zu gelangen. Sie werden sich fragen, wie sie mit Menschen umgehen, die einer lebensbedrohenden Situation entronnen sind und eine neue Heimat suchen. Sie werden weiterhin fragen: Wer hat eigentlich das Recht, zu entscheiden, wer wo lebt?

Dass »Da bin ich« immer wieder gelesen werden kann, liegt neben den ausdrucksstarken Bildern vor allem am glücklichen Ende, das im Titel vorweggenommen wird. Immer wieder freut man sich mit dem schüchtern wie glücklich wartenden Katzenkind und geht verstohlen vor der eigenen Tür nachschauen. Das Auftauchen aus dem Meer, das Auftauchen im Leben eines anderen – in dieser karg erzählten Geschichte lassen sich viele Facetten entdecken, sodass einmaliges Lesen nicht ausreicht.

Vielschichtige Bildkompositionen

Auf den Weg macht sich auch ein kleiner Elefant namens Rufus. Der Anlass ist weniger dramatisch als bei seinem Katzenkollegen, gleichwohl handelt auch er nicht freiwillig. Er hat in der Nacht Schmetterlinge gesehen, erzählt seinen Eltern davon, und die reagieren für das Kind unverständlich: »Ach, unser lieber großer Junge … Ist es also schon Zeit.«

»Zwei Millionen Schmetterlinge« ist eine Geschichte übers Erwachsenwerden. Die Unsicherheit, das Geheimnisvolle, das Suchen und die Hoffnung auf Antworten – all dies schwebt im Text des Niederländers Edward van de Vendel und in den Bildern des Flamen Carll Cneut mit wie Schmetterlinge im Sommerlicht.

Die Eltern schicken den kleinen Elefanten auf den Weg. »Wohin denn?«, fragt er. »Das weißt du dann von selbst«, entgegnen sie. Die Illustration zeigt deutlich, dass das Haus der Familie zu klein geworden ist, das Spielzeug bleibt am Boden liegend zurück. Einen solch konsequenten Ablösungsprozess hat man selten gesehen, im ersten Moment erscheint er grausam. Doch nach den ersten Schritten sind die Schmetterlinge wieder da, sichtbar nur für Rufus und für die Leser, seine Verbündeten.

Die kleinen Wildkatzen kapieren nicht, was Rufus hat. Der ehrwürdige Elch hingegen erinnert sich lächelnd an seine eigene Schmetterlingszeit: »Sieh zu, dass du es genießt. Sieh zu, dass du nichts davon vergisst. Und sieh zu, dass du ihnen folgst.« Das Geweih des Elchs scheint aus sehnsuchtsvollen Händen zu bestehen, die sich gen Himmel strecken, sein kicherndes »Hihi« findet sich auf seinen Manschettenknöpfen wieder.

Rufus gerät immer tiefer ins Leben. Auf der Doppelseite in der Mitte des Bilderbuchs verliert sich der Betrachter in einer Versammlung der Tiere. Als der Elefant von den Schmetterlingen erzählt, entgegnen die anderen ihm: »Wir wissen Bescheid.« Der Kranich erklärt gar, dass es sehr vernünftig gewesen sei, dass die Eltern den Sohn weggeschickt hätten – »und natürlich siehst du sie wieder. Also los jetzt!«

Am Ende findet Rufus sein Elefantenmädchen, das auch Schmetterlinge sieht. Das Mädchen legt die Hand auf Rufus' Bauch, »einfach so«, und der erschrickt vor dem Gefühl der Schmetterlinge im Bauch so sehr, dass er wegläuft. Die Unsicherheit bleibt, das Neue ist groß. Ein gemeinsames Verstehen beginnt, ein vorsichtiges Entdecken: »Das Mädchen rückte näher zu Rufus und Rufus rückte näher an das Mädchen. Und alles war genau so, wie es sein sollte.«

Carll Cneuts Bilder scheinen manchmal bis über die Ränder gemalt: Die Versammlung der Tiere beginnt auf einer rechten Seite und erstreckt sich über die Doppelseite in der Mitte des Buches bis auf die folgende linke Seite. Der Betrachter muss hier erst seinen Platz finden. Die opulente Szene erinnert an ein Bild des flämischen Meisters Pieter Bruegel des Älteren, das Johannes den Täufer in einer Menschenmenge zeigt. Es lässt aber auch an die Arche Noah denken, denn die meisten Tiere sind

ZWEI MILLIONEN SCHMETTERLINGE

paarweise vertreten – bis auf den kleinen Elefanten. Zu jeder Figur kann man eine Geschichte erfinden: Warum tragen manche von ihnen Masken? Wohin waren sie gerade unterwegs? Immer wieder entdeckt der Betrachter Details, die ihn auf einen neuen Weg schicken. So dicht das Gedränge in dieser Szene auch sein mag: Sie zeigt einen traurigen, verloren wirkenden Rufus. Ganz anders einige Seiten weiter, als er das Elefantenmädchen getroffen hat: Die beiden sehen sich tief in die Augen, auf der ganzen Welt scheint es nur sie beide zu geben – und ein Meer von Schmetterlingen, für die Edward van de Vendel so viele Namen gefunden hat, dass sich auch damit neue Geschichten spinnen lassen: »Goldfalter, Streifenfalter, Falter mit Augen, mit einem Regenbogen, mit Sternchen, Flatterfalter und Flitterfalter, Wackelfalter und Wickelfalter, Falter mit Kompass ...«

Die gemalten Schmetterlinge haben im wahrsten Sinne des Wortes Augen, je nachdem, wie sie übereinander und durcheinander fliegen, entdeckt man neue Figuren in ihnen. In anderen Szenen lässt Carll Cneut wiederum viel freie Flächen, die der Leser einnehmen und ausfüllen kann.

Dass man »Zwei Millionen Schmetterlinge« immer wieder lesen kann, liegt zum einen daran, dass die Geschichte viele Assoziationsmöglichkeiten beinhaltet – von der Trennung über das Suchen nach dem eigenen Platz im Leben, dem Fragen nach dem richtigen Weg und der Verwirrung der ersten Liebe. Zum anderen verliert man sich immer wieder in den Bildern von Carll Cneut, in seiner Komposition des Bilderbuches.

Mit akribischer Sorgfalt und Liebe zum Detail arbeitet der Künstler mit vielen Farbschichten, die er übereinander aufträgt.

»Er ist ein Künstler, der die Symbiose zwischen dem Verwenden einer alten Technik und der Anlehnung an den Stil dieser Zeit perfekt mit dem bildlichen Erzählen von modernen Geschichten verknüpft«, urteilt die Lektorin Natalie Tornai.

»Meine Bilder setzen sich im Unsichtbaren fort«, erklärt Carll Cneut. »Meine Leser haben die Freiheit, sie in ihrem Kopf zu vervollständigen. Das bringt Erwachsene oft durcheinander, aber niemals die Kinder.«

ZWEI MILLIONEN SCHMETTERLINGE

Hundert Geschichten in einem Bilderbuch

Bilder weiterzuerzählen, dazu fordert auch Thé Tjong-Khings Abenteuergeschichte »Picknick mit Torte« auf, die ohne Worte auskommt. Zwei Hunde haben zwei Torten gebacken und laden zu einem Picknick ein.

Man stellt sich einen sonnigen Samstagnachmittag vor, fühlt die Vorfreude auf einen schönen Ausflug. Gemeinsam mit vielen anderen Tieren überqueren die Hunde einen Fluss, erklimmen einen Berg.

Doch als serviert werden soll, ist der Schreck groß: Der Nachtisch ist weg!

Frosch und Echse beschuldigen zwei Mäuse. Damit beginnt eine Verfolgungsjagd, und am Ende entpuppen sich die Denunzianten als die wahren Übeltäter. Die Torten werden gerettet und schließlich am Ausgangsort des Picknicks verspeist.

Dies jedoch ist nur der vordergründige Plot. Tatsächlich erzählt Thé Tjong-Khing auf zwölf Doppelseiten plus Cover sehr viel mehr. Jede Figur hat ihre eigene Geschichte: So liebäugelt die Katzendame zum Beispiel mit mehreren Verehrern, bis sie am Ende lieber allein dasitzt und ein Buch liest. Ein kleiner Hase versucht seinen Drachen steigen zu lassen und entlarvt durch sein ungeschicktes Verhalten zum Schluss die Tortenklauer. Der Fuchs hat die Buntstifte eingesammelt, die der Kater im Ringelshirt am Anfang verloren hat. Während die

PICKNICK MIT TORTE

DIE TORTE IST WEG!

Gesellschaft auf dem Berg war, hat er im Tal Bäume, Steine und Häuser damit angemalt.

Die Komposition in Wasserfarbe und Acryl sei »ein bisschen so wie Mathe«, hat Thé Tjong-Khing einmal gesagt und auch erklärt, dass er sein Buch ungefähr siebenmal neu gezeichnet habe.

Tatsächlich ist der Tortenkosmos noch größer, denn »Picknick mit Torte« hat einen Vorgängerband: »Die Torte ist weg!« Auch hier geht es um einen Diebstahl und eine Verfolgungsjagd über verschlungene Trampelpfade. Im ersten Buch waren tatsächlich die Mäuse die Übeltäter. Sie wurden am Ende an einen Baum gefesselt, während die anderen speisten, und sind im zweiten Band offensichtlich klüger geworden. Da landen Frosch und Echse am Baum, festgebunden mit der Drachenschnur des kleinen Hasen.

Das Besondere an beiden Büchern ist (ähnlich wie in Rotraut Susanne Berners Wimmelbüchern, s. S. 12 ff.), dass man sie vorwärts und rückwärts lesen kann, und das immer wieder. Man hat die Torte im Blick oder folgt einer Figur und anschließend denjenigen, die mit ihr in Interaktion getreten sind.

Interessiert sich ein Kind beim ersten Betrachten für eine Szene, in der sich zwei Figuren prügeln, wird es vielleicht einige Zeit später eher an den Liebeleien der Katzendame Interesse zeigen – je nachdem, was es selbst beobachtet und hinterfragt.

Die Berliner Leseförderungseinrichtung LesArt hat in einem Workshop Grundschulkinder Geschichten zu den Figuren erfinden lassen. Die Wortlosigkeit lädt auch dazu ein, den Akteuren Sprechblasen zur Seite zu stellen und aus dem Bilderbuch einen Comic zu entwickeln.

Immer wieder neu: Antje Damms Frage-Bilderbücher

»Wer ist dein bester Freund, wer deine beste Freundin?«, »An welchen Traum erinnerst du dich?«, »Woran schnupperst du gerne?«

Dies sind drei von 108 Fragen aus dem Bilderbuch »Frag mich!« von Antje Damm.

Auf der linken Seite lesen wir den Text, rechts steht ein Bild, das den Dialog eröffnet: Wir sehen ein Kind, das an einer Basilikumpflanze riecht, oder eine Seiltänzerin neben der Frage »Was möchtest du gut können?«.

Das kleine, quadratische Buch kann zu einem Begleiter durch die Kindheit werden: Wann interessiert sich ein Kind für welches Thema? Was antwortet es mit vier Jahren, was mit sechs? Ähnlich wie beim Malen eines Selbstporträts lassen sich mit einem Buch wie »Frag mich!« spielerisch die Veränderungen über die Jahre dokumentieren, z. B. in einem Blankobuch, das man zum 18. Geburtstag als ganz besonderes Geschenk überreichen kann.

Antje Damms Idee ist bislang in zehn Sprachen übersetzt worden, ein ungewöhnlicher Erfolg für ein Bilderbuch.

Die Künstlerin erläutert ihr Konzept:

FRAG MICH!

Wie sind Sie auf die »Frag mich!«-Idee gekommen?

Der Auslöser war das Buch »Weltwissen der Siebenjährigen« von Donata Elschenbroich, das mir meine Mutter geschenkt hat und das ich begeistert gelesen habe.

Vor allem die Weltwissen-Listen waren spannend – was also sollten Kinder im Alter von sieben Jahren schon einmal erfahren haben? –, Sammlungen, die so auf keinen Fall abgearbeitet werden müssen, die aber sehr anregend zu lesen sind.

Da stehen Dinge drin, an die ich so nicht gedacht hatte, darunter durchaus auch negative. Zum Beispiel, dass Kinder auch mal in einen Bach gefallen sein sollten. Oder aber, dass sie mal eine Frucht geöffnet, mal jemanden getröstet haben sollten.

Natürlich stellte ich mir gleich die Frage, ob meine Kinder das alles schon gemacht hatten, sie waren damals gerade in dem Alter. Daraus entstand dann ein Buchkonzept, das die Erfahrungswelt von Kindern zeigen sollte.
Ich sammelte Fragen: Was tangiert Kinder? Was berührt sie? Wie stehen sie zu sich selbst?

Wie sah dann die konkrete Arbeit am Projekt aus?
Das war eine sehr schnelle und konzentrierte Arbeit. Zu den Fragen habe ich Bilder gesucht, die eine Einstiegshilfe für ein Gespräch bilden sollten.
Die mehr als 200 Seiten habe ich an die Wand gehängt, sodass auch meine Kinder sie immer wieder angesehen und Vorschläge gemacht haben: »Dazu könntest du doch das Bild hier nehmen oder das da.«

Sie bieten auch Workshops zu Ihrem Buch an. Welche Erfahrungen haben Sie gemacht, wie mit dem Buch umgegangen wird?
Wichtig ist mir, dass es nicht als »Abfrage«-Buch benutzt wird. Man kann es an jeder Stelle aufschlagen, und oft reicht schon eine Frage für ein gutes Gespräch aus. Ich weiß von Eltern, die daraus ein Ritual gemacht haben und jeden Abend vor dem Einschlafen eine Frage herausgreifen und mit ihren Kindern darüber reden.
Bei Lesungen zeige ich oft zuerst, wie ein Buch überhaupt entsteht. Dann mache ich mit den Kindern ein eigenes Fragebuch: Dazu bereite ich Seiten mit den Fragen und farbige Blankoseiten vor. Jedes Kind kann dann eine andere Frage illustrieren, am Ende wird alles zusammengeheftet oder als Ausstellung an die Wand gehängt.

Ich weiß auch von Kindergärten, die so arbeiten oder alternativ eine Frage von mehreren Kindern kreativ umsetzen lassen.

Lassen sich auch Erwachsene von diesem Buch berühren?
Ja, ich habe schon Briefe von Fremdsprachenlehrern bekommen, die es im Unterricht einsetzen, um mit den Schülern in einen Dialog zu treten. Und in einem Altenheim wird es mit Demenzpatienten gelesen. Sie haben sich von den Bildern sehr angesprochen gefühlt, erzählte mir eine Therapeutin, und das löse Gespräche aus, die sonst nur schwer zustande kommen.

Sie haben noch weitere Fragebücher entwickelt, mit unterschiedlichen Konzepten.
Ja, zum Beispiel »Ist 7 viel?«, das im Gegensatz zu »Frag mich!« Fragen stellt, die Kinder eigentlich nicht beantworten können, es hat einen philosophischen Ansatz.
Und Philosophieren mit Kindern bedeutet ja eigentlich, die Fragen an die Kinder zurückzugeben, ihnen zu vermitteln: »Dazu kannst du etwas sagen, auch wenn deine Lebenserfahrung noch geringer ist.«

Und »Alle Zeit der Welt«?
Da wollte ich vor allem ein Sachthema mal anders beleuchten. Zeit wird in der Grundschule im Unterricht durchgenommen, aber meistens geht es da nur um Tagesabläufe, Stunden, Minuten, das bleibt sehr eingleisig.
Bei Lesungen stelle ich immer wieder fest, dass es für Kinder jeden Alters wichtig ist, dass man ein Thema auch visuell erleben kann und so den Einstieg in Gespräche findet, das versuche ich mit all meinen Büchern zu erreichen.

Von Pottwals Geblubber und dem Gezappel wird es Dr. Brumm ganz schwindlig …

KRACK!

Jetzt steckt Dr. Brumm im Goldfischglas und in der Gießkanne.
Aber Pottwal weiß genau, wie man aus einer Gießkanne wieder rauskommt.
»Du musst dich aus der Kanne rausgießen«, blubbert Pottwal.

DR. BRUMM STECKT FEST

Kinder wissen mehr

Hundertmal lesen, das kann schließlich auch bedeuten, sich hundertmal kringelig zu lachen. Ein Prozess, der ansteckend wirkt und der bei Kindern zu beobachten ist, mit denen man die »Dr. Brumm«-Bücher von Daniel Napp liest. Die Atmosphäre erinnert an Kasperletheater oder »Tom und Jerry«-Filme: Wir sehen das Unheil nahen, bevor der tollpatschige Bär es ahnt, wir wollen ihn warnen und müssen zugleich lachen. Es schwingt ein wenig Schadenfreude mit, aber eine der harmlosen Art, denn wir wissen ja, dass Dr. Brumm alle selbst angerichteten Katastrophen heil überstehen wird.

Der Braunbär hat seine Gewohnheiten. »Dr. Brumm steckt fest« zum Beispiel spielt an einem Sonntag, und da tut er, »was er jeden Sonntag macht …« – Honig essen. Doch als das Glas leer ist, erwischt er auf dem Regal statt eines neuen das kleine Aquarium seines Goldfischs Pottwal. Das landet samt Bewohner auf des Bären Kopf und steckt fest. Anstatt es loszuwerden, bugsiert sich das Pelztier auf den folgenden Seiten in immer neue Gegenstände – Gießkanne, Milchtopf, Wäschekorb. Beim Versuch, alles mit Seife abzuspülen, tritt er auf dieselbe und gerät in eine abenteuerliche Flussfahrt. Die Lösung ergibt sich dann von alleine: Pottwal bekommt einen Schnupfen, steckt Dr. Brumm an, bis der so herzlich niesen muss, dass das Glas auf dem Kopf zerspringt. Pottwal wird in das leere Honigglas einquartiert, und das reicht dann auch für diesen Sonntag.

Als Vorleserin staunt man: Warum wollen Kinder diese Bücher immer wieder lesen? Wir wissen doch schon, wie es ausgeht. Genau das kann auch zum hundertmaligen Lesen eines Bilderbuches führen: das Gefühl von Sicherheit. Das Wissen darum, dass alles so ausgeht, wie wir es kennen.

Die Kinder sind die Chefs der Geschichte, sie ahnen mehr als Dr. Brumm, obwohl der doch sogar einen akademischen Titel trägt. Sie halten zu ihm und lesen alles wieder von vorn. Übrigens auch die »Quatschgeschichten« des Bären, »Dr. Brumm will's wissen«, die sich an Leseanfänger wenden und den Slapstick in mehreren Episoden auf wenigen Seiten komprimieren. Dr. Brumm ist ein verlässliches Stück Geborgenheit.

Die Situation, mehr zu wissen als die Großen – sei es ein Bär oder ein Erwachsener –, ist für Kinder selten. Schließlich wird ihnen den ganzen Tag lang immer wieder etwas erklärt. Sich auszukennen bedeutet Entspannung.

»Die irrste Katze der Welt« offenbart dem Betrachter schon auf dem Cover einen Wissensvorsprung: Der Erzähler und Illustrator Gilles Bachelet scheint eindeutig etwas falsch verstanden zu haben. Denn dort ist mitnichten eine Katze zu sehen. Es ist ein Elefant.

Diese zunächst einmal simple Idee wird das ganze Buch hindurch weitergespielt, der Erzähler wird seinem Irrglauben treu bleiben. Seinen Elefanten beobachten wir in katzentypischen Situationen, in denen er sich zuweilen ganz anders verhält, als der Erzähler es vermutet hätte.

DIE IRRSTE KATZE DER WELT

Es heißt: Katzen fallen immer auf ihre Füße.

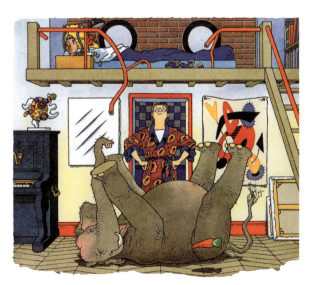

Meine nicht.

»Es heißt, Katzen fallen immer auf die Füße.« Wir sehen den Elefanten im freien Fall, so wie der »Katzenbesitzer« es sich vorstellt. Doch auf der gegenüberliegenden Seite erfahren wir: »Meine nicht.« Da ist der Elefant aus dem Hochbett auf den Rücken gefallen und streckt alle viere in die Luft.

»Ich habe meine Katze oft gemalt«, erzählt der Künstler. »Aber ich habe es noch nie geschafft, eines der Bilder zu verkaufen.« Hier sehen wir Elefantengemälde à la Picasso, Matisse oder Miró – die Zitate sind für diejenigen zu erkennen, die mit bildender Kunst vertraut sind. Für alle anderen sind es bunte Bilder, über die man auch ohne Hintergrundwissen lachen kann. »Ein Freund hat mir neulich ein Buch über Katzen geschenkt«, lautet der Schluss. »Aber ich bin mir bis heute nicht hundertprozentig sicher, zu welcher Rasse meine gehört.« Wir sehen den Elefanten auf einer Couch tollen, dabei genüsslich das Buch zerfetzen, das so gar nicht zu ihm passen mag. Die Betrachter des Bilderbuches jedoch hört man rufen: »Noch mal!« Wer da nach Abwechslung lechzt, kann auf den Vorgängerband zurückgreifen: »Die irrste Katze der Welt – Wie alles begann ...« Dasselbe Prinzip. Aber langweilig wird es trotzdem nicht. Noch mal!

SUSANNA WENGELER ■

Ein Bilderbuch lädt dazu ein, die Welt zu begreifen

Wie Bilderbücher aufs Leben vorbereiten

Am Anfang ist die Welt voller Rätsel. Am Ende ist die Welt voller Rätsel. Aber kurz nach dem Anfang beginnt die Zeit der Aufklärung, jene Zeit also, in der jede Kinderfrage eine Antwort bekommt. Auf Unwissen folgt Wissen. Aber was ist »Wissen«?

Bilderbücher helfen Eltern und Erziehern, auch die ausgefallensten Alltagsrätsel der Kleinen zu lösen. Beim Betrachten der Bilder und beim Hören der Texte lernen Kinder spielerisch den Zusammenhang von Denken, Sozialverhalten und Sprache – die Basis, um all das zu verstehen, was sie umgibt. Sie erlernen motorische und emotionale Fähigkeiten. Und vor allem lernen sie beim Herstellen von Zusammenhängen zwischen Realität, Bild und Text, sich zu konzentrieren.

Was die Wissenschaft als »inzidentelles Lernen« bezeichnet (im Gegensatz zum fremdbestimmten, realitätsfernen »intentionalen Lernen«, das einem die Lernlust verdirbt), das findet mit dem Bilderbuch statt: Halb bewusst oder ganz und gar unbewusst beginnen Kinder, absichtslos und beiläufig die Welt zu begreifen. Sie versenken sich neugierig und lustvoll oder verträumt und gedankenverloren in eine Welt der kurzen Bild- und Textgeschichten, die sehr viel mehr Informationen transportieren, als Kinder – und oft auch Erwachsene – zunächst bemerken.

Das Betrachten regt an, spontan eigene Gefühle und Gedanken einzubringen und vielleicht auch ungewohnte Verhaltensweisen zu reflektieren – kleine Experimente, mit denen die Grenzen ihrer zu begreifenden Welt en passant erweitert werden.

Dabei wird Wissen nicht als ein Produkt aufgefasst, das von A nach B geht, vom Erwachsenen zum Kind, vom Buch zum Betrachter. Nein, Bilderbuchwissen baut auf der Basis vorhandener Kenntnisse der unmerklich begreifenden und lernenden Kinder auf. Aktiv, gefühlsbetont, selbst gesteuert und konstruktiv begegnen die Kinder den Bilderbüchern, oft in Wechselbeziehung mit den mitbetrachtenden Erwachsenen. Jedes noch so kleine Bilderbuch-Aha-Erlebnis führt letztlich zur körpereigenen Belohnung, zur Ausschüttung einer kleinen Dopamindosis im Kopf. So machen Bilderbücher nicht nur schlau, sondern auch glücklich.

Ein weiteres Qualitätsmerkmal guter Bilderbücher besteht darin, dass Erwachsene von der Lektüre ebenso begeistert sind wie Kinder. Als ich das Bilderbuch »Zwei Ungeheuer unter einem Dach – Mein Opa und ich« von Shenaaz G. Nanji betrachtete, fiel mir auf, dass darin wesentliche menschliche Verhaltensweisen thematisiert werden, die nicht nur streitenden Kindern, sondern beispielsweise auch streitenden Ehepaaren ernste Probleme bereiten. Das Bilderbuch geht durch das direkte Gegenüberstellen der Perspektive des Großvaters und der Sichtweise seines Enkels so geschickt auf Formen der Wahrnehmung ein, dass damit Verständnis für die Situation anderer geweckt werden kann. Dieses Bilderbuch hilft, nicht nur die Welt, sondern vor allem die darin lebenden Menschen besser zu begreifen – und letztlich sich selbst und sein Verhalten. Manchmal kann ein Bilderbuch auch bei Erwachsenen mehr bewirken als viele Gespräche mit Freunden oder Therapiesitzungen beim Psychologen.

Künstlerische Freiheit und lexikalische Detailgenauigkeit

Guten Bilderbüchern gelingt es auf ganz praktische und spielerische Weise, das Naheliegendste, nämlich all die kleinen Alltagswunder, auf einfache und anregende Weise begreifbar zu machen, wie in »Eins und sonst keins« von Katrina Lange. »Vielleicht wirst du feststellen, dass unsere Welt auch ohne Hexerei zauberhaft sein kann«, so die Einleitung. Katrina Lange überträgt in ihrem Bilderbuchdebüt das Multiple-Choice-Verfahren von der öden Tabellenform in ein wortloses, aber optisch fantasievolles Quiz, das Kunst und Wissen miteinander vereint.

Auf jeder Doppelseite stellt Katrina Lange eine kurze, in Großbuchstaben gemalte Frage: »Was passiert, wenn du Kirsch- und Bananensaft in ein Glas gibst?« Viele Gläser zieren im Vordergrund eine hügelige Landschaft. Surreal mutet eine Banane an, die als Brücke für einen Lastwagen dient, der in nummerierten Waggons Flaschen transportiert. Da und dort wird von der jungen Künstlerin Zeitungspapier für Collagen verwendet. Da und dort tauchen Kinder auf, die sich mit den Gläsern und den Flüssigkeiten beschäftigen.

Jetzt können die Betrachter visuell die Welt erfassen: Optisch lassen sich mögliche Antworten erkennen: Mal bilden der rote Kirsch- und der gelbe Bananensaft waagrechte, mal senkrechte Streifen in den Gläsern. Da vermuten schon die kleinsten Forscher, dass das zwar witzig aussieht, aber nicht der Wirklichkeit entsprechen kann. Mal teilen sich die Säfte – oben Kirsch-, unten Bananensaft und umgekehrt. Mal mischt sich alles zu einem Saft, dessen Farbe einen schönen Zwischenton ergibt. Zu Beginn des Buches gab Katrina Lange den Tipp: »Auf jeder Seite stimmt nur eins und sonst keins ...« Das Schöne an diesem Buch: Es lädt dazu ein, die Fragen ganz praktisch zu beantworten, indem man sich die beiden Säfte besorgt und das kleine Experiment zu Hause durchführt.

Dank der besonderen Perspektiven und Details bildet »Eins und sonst keins« eine Sehschule, die gleichzeitig Wissens- und Freizeitspaß vermittelt, beispielsweise bei Kindergeburtstagen. Es ist eine Art Bilderbuchuniversität, die Biologie, Chemie oder Physik im Alltag behandelt, ohne dass die Kinder diese Begriffe bereits kennen müssen.

»Was passiert, wenn du eine geschälte und eine ungeschälte Orange ins Wasser legst?«, fragt Katrina Lange auf einer anderen Doppelseite.

EINS UND SONST KEINS

Wunderbar, das riesige Waschbecken, in dem alle Varianten dargestellt und Rettungsringe geworfen werden. »Was passiert nach einigen Stunden, wenn du eine weiße Blume in blaue Tinte stellst?« Hier welkt und blüht und verfärbt es sich, dass das Betrachten und Rätselraten eine Wonne sind. »Wie verändern sich deine Augen, wenn du ins Licht schaust?« und viele weitere Fragen regen zum Schmunzeln und zum Nachdenken an – übrigens auch die Erwachsenen, denn manchmal müssen sogar sie raten.

Zum Glück werden am Ende des Buchs alle Antworten gegeben – im Bild und ohne ein Wort zu verlieren. Die geschälte Orange beispielsweise liegt auf dem Grund des Wasserglases, die ungeschälte schwimmt oben. Aber warum? Damit die Erwachsenen bei Erklärungsversuchen nicht in Verlegenheit geraten, wurde auf der allerletzten Seite für jede Frage die korrekte Antwort samt Begründung gegeben: »Die ungeschälte Orange schwimmt, denn in der Orangenschale befindet sich Luft, die eine Orange wie ein Schwimmreifen trägt. Ohne Schale kann die Orange nicht schwimmen, sie sinkt.« Kein Zweifel: Hier können alle die Welt begreifen lernen. Und Kinder können einen Erwachsenen fragen: »Weißt du, warum eine Orange schwimmt?« – und selbstbewusst die Antwort geben.

Die menschliche Sicht der Dinge

Um die Welt zu begreifen, muss man die Menschen begreifen. Manchmal liegen Welten zwischen Kindern, Eltern und Großeltern. Missverständnisse prägen den Alltag. Aggression und Gewalt können die Folge sein.
Ein Beispiel für die Verbesserung der Kommunikation und Verstärkung der Empathie bietet das Bilderbuch »Zwei Ungeheuer unter einem Dach«.
»Leon ist mit seinen besten Freunden verabredet. Er muss ihnen unbedingt etwas erzählen. ›Stellt euch vor, in unser Haus ist gestern ein Außerirdischer eingedrungen!‹, sagt er.«
Das erzählt der Text. Doch die Bilder erzählen eine andere Geschichte. Man sieht einen alten Mann, der in Leons Haus einzieht. Für Leon ist der seltsame Mann ein Außerirdischer. Für den alten Herrn ist das Kind ein Monster. Durch beiderseitige unablässige Beobachtung werden aus anfänglichem Argwohn, Schrecken und Staunen am Ende Toleranz, Verständnis und Freundschaft. Erst in der allerletzten Zeile wird dann verraten, dass der alte Herr Leons Großvater ist.

Wenn Großeltern zu Hause aufgenommen werden, entsteht manchmal eine fruchtbare, generationenübergreifende Atmosphäre. Oft werden Familien aber auch mit neuen Situationen konfrontiert, die Konsequenzen haben. Familiäre Balancen können kippen. Und Enkel können erfahren, was es für jeden Einzelnen bedeutet, wenn eine Gesellschaft immer älter wird.
So staunt Leon zunächst nicht schlecht: Was sich seinem Haus nähert, hat drei Beine. Später entdeckt er die vielen Einzelteile, aus denen der Außerirdische besteht: austauschbare Zähne, Tarnkappe, Energiepillen usw. All dies erzählt er seinen besten Freunden.
Szenenwechsel: Der alte Herr erzählt seinerseits seinen alten Freunden von einem Monster, in dessen Haus er gezogen ist: ein Gummikörpermonster, vermutlich aus dem Urwald.
Die Bildperspektiven wechseln rasch, die Fantasievorstellungen der Kontrahenten werden immer (aber)witziger. Die realen Eigenschaften bleiben aber erkennbar: Hörgerät, Atemspray, Essgewohnheiten (der Alte isst nur Grünes, der Junge nur Süßes). Im letzten Drittel ändert sich die Situation: Alt und Jung erkennen die Qualitäten des jeweils anderen, lernen voneinander und helfen einander.

Die Illustratorin Heike Herold hat das in gespenstisches Licht getauchte Eröffnungsaquarell aus der gedanklichen Perspektive Leons gemalt (der Dreibeinige ist soeben seinem UFO entstiegen), wenige Seiten später malt sie dieselbe Szene aus der Perspektive des Großvaters: Nicht nur Leon hat sich in ein Monster verwandelt, auch die Bäume wirken plötzlich bedrohlich.
Lesende oder zuhörende Kinder können die Details vergleichen. Dadurch erfahren sie spielerisch, dass ein und dasselbe Ereignis je nach Betrachterperspektive vollkommen unterschiedlich gesehen werden kann.
Herold setzt die Erzählsituationen in schlichte, kaum kolorierte Zeichnungen um. Manchmal setzt sie Farbakzente in die als außerirdisch empfundenen Situationen und zeigt die Treffen der beiden Helden mit ihren jeweiligen Freunden. Die Eintracht zwischen Enkel und Opa am

Ende kommt ganz ohne Worte aus: Auf den ersten Blick frönt jeder seiner Leidenschaft. Leon mit einem Tortenstück auf dem Bauch. Und doch stehen zwischen all den Leckereien eine Schüssel mit Grünzeug auf Leons und eine Torte auf Opas Seite.

Trotz dieser Annäherung: Ein direkter Dialog zwischen den beiden Protagonisten, zwischen Enkel und Großvater, findet im Text nicht statt. Verbal wird die gegenseitige Akzeptanz einzig in den Erzählungen mit den jeweiligen Freunden deutlich. Der Leser selbst ist gefordert, die Lücken zu füllen, die Übertreibungen einzuordnen und letztlich die ganze Geschichte zu erfassen. Durch die Beobachtung der einzelnen Szenen weiß der Leser mehr. Und mehr zu wissen als die anderen macht Kinder immer ein bisschen stolz.

ZWEI UNGEHEUER UNTER EINEM DACH

Leon ist mit seinen besten Freunden verabredet. Er muss ihnen unbedingt etwas erzählen. »Stellt euch vor, in unser Haus ist gestern ein Außerirdischer eingedrungen!«, sagt er.

WAS IST DA PASSIERT?

Die tierische Sicht der Dinge

Die Realität – gibt es sie? Gibt es die eine, die einzige Wirklichkeit? Zweifel sind angebracht! Der französische Texter und Grafiker Bruno Heitz zeigt in »Was ist da passiert?« mit viel Witz die Relativität vermeintlicher Gewissheiten aus der Perspektive von Tieren: Bär, Bulle, Chamäleon, Kater, Maulwurf und Stute spielen Karten. Sie sitzen gemütlich um einen Gartentisch hinter einer hohen Mauer, als auf der Straße plötzlich ein Riesenkrach zu hören ist. Ein Tier nach dem anderen will nun wissen, was da passiert ist, blickt über die Mauer und sieht jeweils etwas anderes – weil jeder ein eingeschränktes Wahrnehmungsfeld hat. Daher interpretiert jedes der Tiere den Vorfall anders. Nur das Chamäleon bleibt bis zuletzt sitzen, sichtet sein gutes Blatt und vermutet ein Ablenkungsmanöver der anderen Kartenspieler. Kein Wunder: Das Chamäleon sieht besser als alle anderen Tiere, sehr viel besser auch als der Mensch – dafür hört es schlecht.

Das Bilderbuch verbindet zwei Handlungsstränge miteinander: die Suche nach der Ursache für den Lärm und den Fortgang des Kartenspiels. Dabei stellt Heitz die unterschiedliche Sicht der Dinge von der Gartenmauer dar, zeigt die anatomisch bedingten, verschiedenen Gesichtsfelder der Tiere – vom 280°-Blickwinkel der Katze bis zum 360°-Blickwinkel des Bullen.

Die Katze nimmt nur grün-blaue Töne wahr und ist ein bisschen weitsichtig; deshalb hat sie Mühe, Dinge zu erkennen, die sich vor ihrer Schnauze befinden. Der Betrachter sieht die Szene mit ihren Augen und erkennt, dass ihre Sicht nur einen Teil der Wahrheit wiedergibt.

Für die Katze stellt sich das Geschehen so dar: »Neben dem Zebrastreifen liegt ein großer Topf. Bestimmt hat ihn jemand aus dem Fenster geworfen – daher der Lärm.«
»Zebrastreifen? Haben wir hier gar nicht!«, gibt der Bulle zu bedenken. Die Stute will der Sache auf den Grund gehen. Aber sie sieht ein anderes Bild: Am linken Rand taucht ein Wohnwagen auf, dafür ist im Vordergrund gar nichts zu erkennen. Ein Pferd nimmt nämlich nur wahr, was mindestens 1,20 Meter von ihm entfernt ist.
An dieser Stelle können Erzieher den Kindern erklären, warum man ein Pferd, wenn man es streicheln will, vorher rufen muss. So werden in Bruno Heitz' Sachbilderbuch »Was ist da passiert?« die Varianten der Wirklichkeitswahrnehmung durchgespielt, und das Kind versteht, wie unterschiedlich jedes Tier die Welt begreift. Da steht schon bald die Frage im Raum: Ist das bei uns Menschen vielleicht auch so, dass wir Ereignisse so verschieden sehen?
Am Ende haben Leser und Betrachter sich nicht nur spielerisch viel zoologisches Wissen angeeignet, sondern auch ein Gespür dafür entwickelt, wie vielfältig die vermeintlich eine Wirklichkeit sein kann und wie notwendig das Gespräch, um sich über die Interpretation bestimmter Ereignisse einig zu werden. Dieses Bilderbuch ermöglicht, von Kindesbeinen an die Mehrdeutigkeit der Welt zu begreifen.

Mindestens ebenso wichtig ist es, die Mehrsprachigkeit der Welt zu begreifen. Etwa jedes dritte Kind unter fünf Jahren wächst im deutschsprachigen Raum mit einer Fremdsprache auf. Die Forschung bestätigt, wie vorteilhaft es ist, zweisprachig aufzuwachsen. Da spätestens bei Schuleintritt auch gute Deutschkenntnisse erwartet werden, können Bilderbücher große Dienste erweisen.
Bestseller wie Marcus Pfisters »Regenbogenfisch« gibt es ebenso in zweisprachigen Ausgaben wie stark alltagsbezogene Titel, die den Migrationshintergrund von Kindern thematisieren. Manche Verlage wie die Edition bi:libri haben sich auf mehrsprachige Bilderbücher spezialisiert.
Bemerkenswert sind auch die Ausstellungen der Internationalen Jugendbibliothek in München, die Märchen und Bilderbuchklassiker in Ausgaben aus aller Welt miteinander vergleicht. Nirgendwo sonst lässt sich via Bilderbuch besser ein horizonterweiternder Blick über den kulturellen Tellerrand werfen.

Beiderseitige Achtung

Ostern, Pfingsten oder Weihnachten sind besondere Anlässe, auch religiöse Bilderbücher zu betrachten. Viele eignen sich aber das ganze Jahr über, denn Tag für Tag gibt es Gründe, sich über den Glauben und die Transzendenz Gedanken zu machen. Bewusst oder unbewusst beginnt die Werte- und Moralerziehung schon bei Kleinkindern und wird im Grundschulalter durch Ethik- und Religionslehrer verstärkt.
Mit Bilderbüchern lassen sich sehr früh Gerechtigkeitssinn, Nächstenliebe oder Toleranz üben. Auch die Begegnung mit anderen Lebens- und Religionsformen wird in Bilderbüchern thematisiert. Damit besteht die Möglichkeit, den meist materialistisch und rationalistisch geprägten Alltag, in dem zweck-

Reisen zwischen zwei Welten – Übersetzung von Bilderbüchern

Die Bedeutung, die den Übersetzungen von Bilderbüchern zukommt, kann nicht hoch genug bewertet werden. Übersetzer lesen und interpretieren ja nicht nur den Text, sondern auch die Bilder, auch wenn sie mit ihrer Leistung dem breiten Lesepublikum verborgen bleiben. Ein gelungenes Beispiel stellen die Übersetzungen der Grüffelo-Bücher durch Monika Osberghaus dar. Hier zeigen sich die besonderen Herausforderungen, die durch Reime, Rhythmus und Einfachheit entstehen. Denn das Schwierige ist zum einen, die klare Eleganz und Prägnanz im Deutschen zu bewahren. Zum andern übt bei Bilderbüchern die Optik immer eine direkte Kontrolle aus und zwingt zu größter Genauigkeit. Den gezeichneten Motiven darf das Wort nicht widersprechen. »So genau wie möglich, so frei wie nötig« lautet das Motto. Gute Übersetzer sind wie gute Schachspieler: Bevor sie sich für ein Wort entscheiden, prüfen sie viele Alternativen mit all ihren Konsequenzen. Und die sind weitreichend, denn die Übersetzer tauschen nicht nur Wörter aus, sie tauschen auch Denkweisen und Mentalitäten aus. Trotz der scheinbaren Einfachheit eines Bilderbuches ist die Komplexität oft sehr groß, denn Text und Bild erzählen gemeinsam eine Geschichte, und das Ergebnis ist mehr als die Summe der beiden Ausdrucksweisen. Deshalb können Übersetzer einen Bilderbuchtext niemals übersetzen, ohne die Bilder zu kennen.

Übersetzer reisen zwischen zwei Welten, zwischen der Originalsprache und der Zielsprache hin und her. Je verdichteter die Texte – und Bilderbuchtexte sind oft sehr konzentriert –, umso schwieriger ist es, ein treffendes Äquivalent in der Zielsprache zu finden. Wenn Übersetzer mit falschem Gepäck unterwegs sind, mit fehlendem Wissen, mit kulturellen oder sozialen (Vor-) Urteilen, mit mangelnder Kompetenz über die zu übertragende Thematik, mit wenig Gespür für kindliche Bedürfnisse in Bezug auf die Wortwahl, mit falschem Wortschatz sogar, werden sie das Ziel nie erreichen. Denn so könnte in einem Text das Fremde zu fremd und unverständlich oder gar abstoßend bleiben. Vielleicht übertragen sie das Fremde zu heimisch und nehmen dem Original seine Originalität, oder ein ganz leichter Text wird unbeholfen und schwer. Und Kindern wird dadurch die Möglichkeit genommen, Fremdes zu erfahren, zu erleben und damit zu verstehen.

und erfolgsorientiertes Denken dominiert, mit ethisch geprägten Weltbildern zu vergleichen. Die meisten religiösen Bilderbücher haben interkonfessionellen Charakter. In biblischen Geschichten, wie in »Das Wunder von Betlehem« von Tanja Jeschke und Sabine Waldmann-Brun, wird Kindern das Grundwissen vermittelt, das nötig ist, um die Bedeutung des Weihnachtsfestes zu verstehen. Was Beten bedeutet und wie man es tun kann, erläutert der Wortkünstler Erwin Grosche in einer von Dagmar Geisler illustrierten Kindergebet-Reihe. Dies sind nur zwei empfehlenswerte Beispiele für eine Fülle von religiösen Themen, für die sich der Einstieg über das Bilderbuch besonders gut eignet.

PASS GUT AUF MICH AUF – 50 GUTE-NACHT-GEBETE

Der ethische Umgang mit Themen wie Behinderung, Armut und Reichtum, Streit und Aggression, Krankheit und Tod kann Kindern helfen, Phänomene zu begreifen, die sie zuvor oft nur auf belastende Weise erahnen konnten. Bilder und Texte ermöglichen das Sprechen über bislang nur als unangenehm verspürte Ereignisse, beispielsweise das Älterwerden und die Erkrankung von Großeltern.

In Dagmar Muellers »Opa sagt, er ist jetzt Ritter. Vom Leben mit Parkinson« berichtet der kleine Ich-Erzähler Jonathan von seinem Opa, der auf einer »Ritterburg« lebt und schon früher, als Jonathan noch ganz klein war, oft Ritter gespielt hat. Damals war Jonathan der Ritter und Opa das Pferd. Heute ist Opa selbst ein Ritter geworden. Weil Opa an der Ritterkrankheit leidet und weil er eine schwere und unsichtbare Rüstung trägt, zittert Opa und kann sich nur langsam und vorsichtig bewegen. Türschwellen werden so für den Ritter-Opa zum »Riesenhindernis«.

Hinter der Ritterkrankheit steckt die Schüttellähmung. Und hinter der Schüttellähmung Parkinson. Verbal entwickelt sich die Ritterkrankheit im Verlauf dieser Geschichte in eine Zitter-Ritter-Krankheit und Opa wegen der zunehmenden Phasen der Reglosigkeit in einen Eiszeitritter mit Maske, denn auch Opas Gesicht ist am Ende fast ganz gelähmt. Opas Einsamkeit und Isolation werden drückender. Zum Glück kann Jonathan ihn oft aufheitern, zum Beispiel indem er Opa aus Bilderbüchern vorliest, obwohl Jonathan noch gar nicht richtig lesen kann. Aber Jonathan erzählt Opa, was auf den Bildern passiert. Früher hat Opa dem Enkel Bilderbücher vorgelesen. Jetzt ist es umgekehrt, auch mit dem Schnürsenkelzubinden, dem Jackezuknöpfen und vielen anderen Tätigkeiten bis hin zum Füttern. Texte und Bilder fügen sich zu einem Bilderbuch, das spielerisch zeigt, wie generationenübergreifend mit schweren Erkrankungen alter Menschen umgegangen werden kann.

Da ist also ein alter Mensch erkrankt und wird dadurch behindert. Aber was ist, wenn im Kindergarten oder in der Grundschule Gleichaltrige behindert sind? Die tägliche Begegnung mit Ungewohntem und die Erkenntnis, dass andere anders sind, erfordern aufmerksame und gefühlvolle Gespräche, wobei auch hier Bilderbücher Brücken bauen können. Sie können verdeutlichen, dass Anerkennung und Zuwendung für die anderen nicht nur individuell, sondern gesamtgesellschaftlich wichtig sind. Beiderseitige Achtung im menschlichen Miteinander von Behinderten und Nichtbehinderten, Verständnis und Hilfsbereitschaft können gefördert werden.

In »Meine Füße sind der Rollstuhl« von Franz-Joseph Huainigg mit Bildern von Verena Ballhaus wird exemplarisch deutlich, dass behinderte Menschen in erster Linie Menschen sind, also anders, aber gleichwertig. Bemerkenswert hier ist, dass der Autor selbst behindert ist und aus eigener Erfahrung die Geschichte von Margit erzählt, die mit ihrem Rollstuhl zum ersten Mal allein das Haus verlässt. Margit wird wütend wegen des verständnislosen Verhaltens der Menschen um sie herum. Die Freundschaft zu einem Jungen, der wie sie selbst eher ein Außenseiter ist, hilft ihr, das bedrohte Selbstbewusstsein wiederherzustellen.

Wie in vielen anderen Bereichen soll hier das Bilderbuch Anlass für Gespräche und Ausgangspunkt für viele weitere Unternehmungen sein, die das Gesehene und Gelesene vertiefen. Hier sind beispielsweise Rollstuhlfahrten Nichtbehinderter denkbar, aus denen ein intensiver Austausch zwischen Behinderten und Nichtbehinderten entstehen kann.

Das Unbegreiflichste

Dass das Leben für alle Wesen auf dieser Welt ein Ende hat, gehört zum Unbegreiflichsten, ist aber auch ein Thema, dem schon Kinder mit großer Neugierde auf den Grund gehen wollen (vgl. auch »Die besten Beerdigungen der Welt«, S. 64). Diesem Wissensdrang hat Wolf Erlbruch mit »Ente, Tod und Tulpe« eine ebenso behutsame wie einfühlsame Vorlage geliefert. Wie ein senkrechter Strich in der leeren Landschaft empfängt die Ente auf dem Umschlag des Buchs ihre Betrachter: den Hals lang gestreckt, den Schnabel himmelwärts. Auch ihr Auge schaut hinauf. Vor und auf der Titelei blickt sie dorthin zurück, woher der Leser kam, zum Umschlag, so, als wollte sie noch nicht mit der Geschichte beginnen. Unter den Überschriften folgen dann zwei Szenen: Einmal läuft sie zielgerichtet vorwärts, einmal watschelt sie etwas unentschlossen umher. Die Leser kennen nun Mimik und Gestik der Heldin: scheinbar eine Ente ohne besondere Eigenschaften.

Als erstmals der Tod ins Spiel kommt – kein angenehmer Anblick, der kahle Schädel, die gro-

Die Ente erschrak.
Das konnte man ihr nicht übel nehmen.
„Und jetzt kommst du mich holen?"

„Ich bin schon in deiner Nähe, solange du lebst
– nur für den Fall."
„Für den Fall?", fragte die Ente.

ENTE, TOD UND TULPE

ßen schwarzen Augenhöhlen, der zu kurze Gehrock mit dem karierten Kittel darunter, die Tulpe hinter dem Rücken –, dreht sich die Ente abrupt zu ihm um. Ihr Körper aber verharrt leicht geneigt in der Vorwärtsrichtung, nur Kopf und Hals halten inne. Drum herum vereinzelt Löwenzahn, Margeriten, in Schwarz-Weiß, Grau und Beige. Am linken Bildrand ein hoher Bretterzaun, der über das Bild hinausreicht. Unüberwindbar. Die Ente steht direkt davor. Dieses Hindernis hat ihr Einhalt geboten. Und da ist noch ihr Gefühl, verfolgt zu werden. Aber sie weiß nicht, von wem. Erst nachdem sich der Tod vorgestellt hat, setzt der Schrecken ein, jetzt auch sichtbar in ihrem Gesicht, mit dem weit aufgerissenen Auge rund um die Pupille.

Ein verhaltener Tanz setzt ein. Der Tod macht einen Schritt auf sie zu. Sie neigt sich im nächsten Bild zu ihm hin. Er neigt den Kopf, einmal nach links, einmal nach rechts. So, als begutachte er sein Opfer. Sie weiß um die Gefahr, die er mit sich bringt, scheint aber ernüchtert, als sie hört, dass er schon ihr ganzes Leben lang in ihrer Nähe war. Sie lernt: Er ist nicht per se das Unglück. Er ist nicht der schlimme Schnupfen, der Unfall oder »Ich sage nur: Fuchs«. Warum nicht schmunzeln – jetzt? Wenn Enten Gänsehaut bekommen!

Der Tanz geht weiter: Einmal steht sie links über ihm. Einmal rechts unter ihm. Der Tod lächelt freundlich. Genau besehen, ein attraktiver Typ, findet die Ente und lädt ihn zu einem Ausflug ein. Und zeigt ihm die Schönheit ihres Lebens: das Gründeln im Teich. Danach wärmt sie den nassen Tod, dem kalt ist. Sie will ihm helfen. Ihn heilen, falls er krank werden sollte. Das ist ihm noch nie passiert. Dass sich jemand so um ihn kümmert. Es ist fast so, als wollte die Ente den Tod (weg)therapieren. Eng aneinandergeschmiegt schlafen sie ein. Auch der Tod braucht ja seine Ruhe.

Erfreut stellt die Ente am nächsten Morgen fest, dass sie noch lebt. Munter gehen die Gespräche weiter. Mal quakt sie. Mal schnattert sie. Über Engel und Flügel, über Hölle und Braten. Unternehmungslustig sind sie beide. Eine Freundschaft scheint zu entstehen. Genussvolle, lebensfrohe Momente sind zu sehen, wobei die Ente den Ton angibt, auch als sie vom Baum oben auf den Teich hinunterblickt, so, als wäre sie schon im Himmel. Wenn die Ente einmal weg sein sollte – gibt es für sie dann noch diesen Teich? »Lass uns runterklettern«, bittet ihn die Ente nach einer Weile, »auf Bäumen kommt man auf seltsame Gedanken.« Ein Rabe fliegt an den Köpfen der beiden vorbei, die aus der Baumkrone herauslugen.

Es ist aber auf die Dauer nicht zu leugnen: Neugier und Begeisterung stellen sich bei der Ente nicht mehr ein. Stattdessen Müdigkeit und Kälte. Nachdem sie ihn gefragt hat, ob er sie ein wenig wärmen möchte, schwebt Schnee im erstmals dunklen Bildhintergrund. Sie liegt still. Atmet nicht mehr. Sie ist in seinen Armen gestorben und er, der fürsorgliche Tod, bemerkt es erst mit Verspätung.

Das könnte der schöne Schluss sein, aber Erlbruch verleiht dem Tod nicht nur die Züge eines Freundes, sondern auch den Habitus eines liebenden Freundes, der seine tote Geliebte auf den Armen zum Fluss trägt, sie behutsam aufs Wasser legt und ihr einen Schubs gibt. Kein Zweifel: Der Tod ist traurig.

Auf den stillen Bildern Erlbruchs scheint so wenig zu geschehen. Aber wenn man verweilt und auf die Körperhaltungen achtet, auf die Formen (Teich, Fluss), auf die großen Konstellationen dieser Collagen und auf die kleinen Gesten des ungleichen Paares, wundert man sich nicht mehr über die Ausdruckskraft dieser Zeichnungen, eine Kraft, die man zuvor gespürt hat, ohne jedoch ihre Ursachen zu verstehen.

Das Leben geht weiter. Das letzte Bild zeigt den Tod ungerührt vorwärtsschreitend, umringt vom jagenden Fuchs und vom flüchtenden Hasen. Kein falscher Trost. Das Unbegreiflichste verliert mit diesem Bilderbuch viel von seiner Rätselhaftigkeit.

NICOLA BARDOLA ■

Ein Bilderbuch macht Lust, sich eigene Geschichten auszudenken

Wie Bilderbücher die Fantasie beflügeln

Kindern Geschichten zu erzählen macht immer wieder Spaß. Ich habe das bei vielen Lesungen vor Grundschulklassen und Kindergartengruppen erlebt: Kinder sind sehr neugierig, aber auch kritisch. Sie melden sich oft zu Wort, aber nicht um Fragen zu stellen, wie sich ihre Lehrerinnen und Lehrer das wohl wünschen würden, sondern um zu sagen, was sie schon alles erlebt haben und was für Geschichten ihnen eingefallen sind. Mich stört das nicht, im Gegenteil: Ich sage mir, dass meine Geschichten sie offenbar dazu inspirieren, an die eigenen zu denken. Was kann sich ein Autor mehr wünschen!

Wenn sie doch Fragen stellen, dann oft, ob es schwierig sei, eine Geschichte zu schreiben. Nein, sage ich, man muss eigentlich nur das machen, was sie ja die ganze Zeit tun: sich etwas vorstellen, überlegen, was sonst noch sein könnte. »Ich wäre ein Ritter und du eine Königin ...«, und schon fängt die Geschichte an. Wer nicht fragt, was ist, sondern, was sein könnte, beginnt eine Geschichte zu schreiben.

Ein Junge fragte mich, warum ich begonnen habe, Geschichten zu schreiben.

Zunächst wusste ich nicht, was ich sagen sollte. Dann fiel mir eine Begebenheit aus meiner Kindheit ein. Als kleiner Junge wünschte ich mir, auf den Mars zu fliegen. Eine Rakete stand nicht zur Verfügung, und so versuchte ich es mit unserer alten, klapprigen Waschmaschine. Beim Schleudern neigte sie nämlich dazu, im Badezimmer hin und her zu hüpfen, und jemand musste dann immer dabei sein, um sie festzuhalten.

Im Gegensatz zu meiner Schwester übernahm ich diesen Dienst sehr gerne. Denn die Maschine war mein Raumschiff. Wir surrten durchs Weltall, das Ticken des Programmrads waren Computercodes, für alle anderen Menschen unverständlich. Das Quietschen des Keilriemens, das Rauschen des Spülwassers, das Schlagen der Knöpfe gegen das Glas ... das waren waghalsige Flüge durch Meteoridenschwärme, verwegene Versuche, einem feindlichen Schiff, das auf uns feuerte, zu entkommen, verzweifelte Manöver, um die gewaltige Anziehungskraft eines unheimlichen Planeten zu überwinden. Das Schleuderprogramm schließlich war der Höhepunkt. Das war die gefährliche, risikoreiche Landung, laut und unruhig, sie erforderte eine starke Hand und die volle Konzentration aller Besatzungsmitglieder, vor allem aber die des Kommandanten.

Also habe ich dem Jungen kurz davon erzählt und ihm gesagt, dass ich Geschichten zu schrei-

»Doch, das kannst du«, sagte die Mutter. »Wenn du die Augen zumachst, kannst du viele Vögel sehen, mit ganz verschiedenen Federn. Vielleicht kannst du sogar fliegen.«

AUGEN ZU, KLEINER TIGER!

ben begann, als mir klar wurde, dass man mit einer Waschmaschine viel weiter, öfter und aufregender fliegen kann als mit einer echten Rakete. Ich glaube, er war noch klein genug und hat genau verstanden, was ich meinte.

Geschichten helfen

Geschichten zu erfinden, ist ein Mittel, um sich die Welt ein kleines bisschen besser zu machen. Das kann sehr profan sein: Der kleine Tiger

»Doch, das kannst du«, sagte die Mutter und stupste ihn zart. »Du kannst sogar zwischen den Wolken schweben. Und in der Nacht nimmt der Mond dich auf den Schoß.«

zum Beispiel möchte nicht schlafen und versucht sich durch das »Was wäre wenn«-Spiel Aufschub zu verschaffen. »Augen zu, kleiner Tiger!«, das hat seine Mutter gesagt, aber das Kind will nicht. »Wenn ich die Augen zumache, kann ich den Himmel nicht mehr sehen«, erklärt der kleine Tiger. Anstatt das Spiel zu unterbinden, führt die Mutter es in dieser Geschichte von Kate Banks fort: »Doch, das kannst du ... Du kannst sogar zwischen den Wolken schweben. Und in der Nacht nimmt der Mond dich auf den Schoß.« Die naiven, zärtlichen Illustrationen von Georg Hallensleben zeigen einen Himmel voller Wolkentiere und den kleinen Tiger, wie er entspannt auf dem Halbmond ruht.

Der kleine Tiger denkt sich immer neue Geschichtenanfänge aus, seine Mutter bleibt geduldig. Mit ihren Antworten setzt sie die Gedanken des kleinen Tigers fort, denkt sie aber nicht zu Ende. So bleibt Raum für Träume, die das Kind bald umfangen sollen. »Vielleicht kannst du sogar fliegen«, erklärt sie, und der kleine Tiger erwidert listig: »Aber was, wenn ich falle?« – »Dann bin ich da und fang dich auf.« Der Dialog wird noch eine Weile fortgeführt und schaukelt das Kind tatsächlich in den Schlaf. Eine gute Geschichte wird zu einer weichen Decke, und im Traum wird die Geschichte fortgeführt.

Traumhaft ist auch die Reise eines Mäusejungen auf der Suche nach seiner Schwester. »Wir wollten draußen spielen, aber jetzt ist sie nicht da. Dauernd ist sie weg, immer muss man sie suchen, hier und da und rauf und runter und überall.« Der Junge holt Hilfe und findet sie in einem alten Mäuserich: In einem Birnenballon begeben sich die beiden auf die Reise durch Sven Nordqvists Bilderlandschaften des großformatigen, opulenten Meisterwerks »Wo ist meine Schwester?«. Aber der Titel des Buches ist nur eine vordergründige Frage, die unzähligen Geschichten ihren Rahmen gibt. Tatsächlich stecken in jeder Doppelseite so viele neue Details, dass die Suche nach der Schwestermaus – sie lässt sich tatsächlich in jeder neuen Szene entdecken – ins Vergessen geraten kann. Die Schwester wollte, so stellt sich am Ende heraus, dem Bruder eigentlich nur etwas zeigen. Genau das hat sie am Ende getan: Sie hat dem Mäusejungen nicht mehr und nicht weniger als die Welt gezeigt, aus einer neuen Perspektive.

Schon das Vehikel, mit dem sich der kleine Mäusebruder und der alte Mäuserich durch das Buch bewegen, ist spektakulär: Es erinnert an einen Heißluftballon, wird jedoch von einer umgedrehten Birne getragen.

WO IST MEINE SCHWESTER?

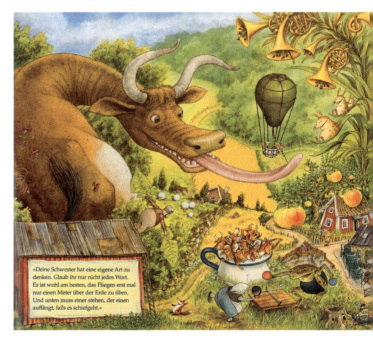

WO IST MEINE SCHWESTER?

Die Sandsäcke, die an einem Ballon zu finden sind, bestehen aus kleineren Birnen. Jede Menge Zuschauer begleiten den Abflug, darunter auch eine Möwe, deren Körper aus einem alten Flugzeug besteht. Die Suchenden passieren einen Regenbogen, der von einem Schaf ausgespuckt und an der anderen Seite von einem Frosch durch die Spaghettimaschine gedreht wird. Es geht weiter über eine Schlucht hinweg. Oben angelt ein Riese, grasen Giraffen, schauen Pinguine nach unten, ein Stück weiter wachsen Posaunen aus einer Pflanze, baden Kühe in einem Milchtopf, spielt eine alte Frau Tischtennis mit einem Frosch.

Eine Doppelseite gewährt Einblick in die Werkstatt des Konstrukteurs – ungefähr so stellt man sich das Atelier von Sven Nordqvist vor. Auf der rechten Seite sieht man den Künstler versunken in Skizzen, umgeben von Maschinen, die möglicherweise eines Tages fliegen sollen.

Auf der linken Seite sehen wir, was in der Gedankenverlorenheit und in der Genialität ent-

WO IST MEINE SCHWESTER?

stehen kann: ein an M. C. Escher erinnerndes Treppenhaus; ein Bücherschrank im Meer, auf dem ein Haus steht, das von Bäumen umgeben ist; eine Katze, die sich nicht schert um das Wesen, das ihr ein Zaumzeug umgelegt hat, und auf einem runden Schrank sitzt, aus dem eine Schublade mit Klaviatur herausragt.

Sven Nordqvist, der Vater von »Pettersson und Findus«, hat mit »Wo ist meine Schwester?« sein vorläufiges Meisterwerk geschaffen. Über 25 Jahre lang trug er die Idee mit sich herum. Vielleicht hätte es den Text gar nicht gebraucht, um sich diesen Kosmos zu erschließen. Allein das schräg aufgehängte Fenster in der Werkstatt des Konstrukteurs, das Bild der Schwestermaus im Spiegel, ohne dass wir die echte Maus sehen, das Aquarium auf dem offenen Meer: All dies ergibt so viele Fragen, so viele Geschichten. Vor allem aber können Kinder visuelles Fabulieren erleben – mit Bildern, die keine Grenzen setzen, sondern alles möglich machen.

Geschichten entstehen aus Fragen

Die besten Geschichten entstehen aus Fragen, und gute Bilderbücher bergen sie in sich, wie »Da hast du aber Glück gehabt!« von Martin Baltscheit und Sybille Hein. Vorerst reichen die ersten beiden Sätze: »Das ist Loki. Loki hat gerade die Teufelsprüfung bestanden.« Wie sieht ein solcher Test aus? Muss man ein guter Schüler sein? Oder doch eher ein böser? Was für ein Zeugnis bekommt Loki nun, da er die Prüfung bestanden hat? Wir erfahren, dass Lokis Zeugnis »schön (...) in seinen Fingern brennt«. Ein wunderbares Motiv für neue Fragen, noch bevor die Geschichte von Loki überhaupt begonnen hat.

Und dann kommt der kleine Teufel so richtig in Fahrt. Böse will er sein. Doch beim Versuch, einem ahnungslosen jungen Mann namens Anton Streiche zu spielen, muss er plötzlich gegen einen geheimnisvollen Widersacher kämpfen – und die in einfachen Worten und verspielten Bildern gehaltene Geschichte entwickelt sich zu einem Feuerwerk an Ideen: Wer ist der Gegenspieler? Was will er? Warum ist auf jedem Bild ein anderer Unbeteiligter zu sehen, über dessen Kopf ein Heiligenschein schwebt? Am Ende der Geschichte erfährt man, dass Loki und der kleine Engel in unterschiedlichen Verkleidungen ein Spiel gespielt haben und nun die Rollen tauschen wollen. Aber das ist nur eine von vielen möglichen Geschichten, die

DA HAST DU ABER GLÜCK GEHABT!

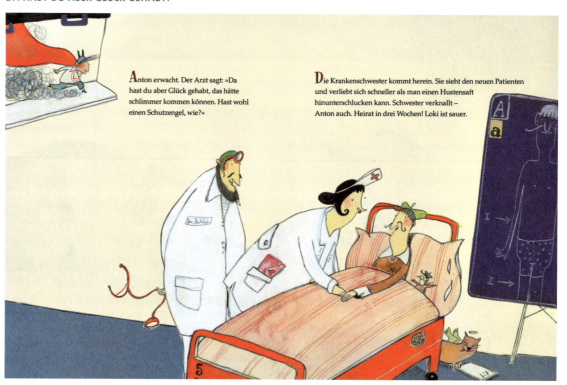

DA HAST DU ABER GLÜCK GEHABT!

sich zwischen den Deckeln dieses Bilderbuchs verstecken. Denn allein der Rollentausch lässt beim erneuten Lesen ein neues Buch entstehen. Gut und Böse lassen sich eben nicht so leicht voneinander unterscheiden.

»Da hast du aber Glück gehabt. Hast wohl einen Schutzengel, wie?« Dieser Ausruf zieht sich refrainartig durchs Buch. Zum Beispiel, als Anton ins Krankenhaus eingeliefert wird, weil Loki ihm ein Bein gestellt hat. Es hätte viel schlimmer kommen können, meint der Arzt. Anton verliebt sich in die Krankenschwester, gleich darauf stehen sie vor dem Traualtar, doch der Bräutigam findet die Ringe nicht. Seine Braut verliert die Fassung, die Hochzeit platzt. »Da hast du aber Glück gehabt, das hätte schlimmer kommen können«, kommentiert der Pfarrer. Die Wiederholungen machen beim Vor- und Mitlesen Spaß. Doch wer sie hinterfragt, merkt, dass sie stets etwas anderes bedeuten – je nachdem, aus welcher Perspektive man das Geschehen erlebt und betrachtet.

Bereits einzelne Wörter wie »Teufelsprüfung« oder »Schutzengel« lösen Fragen aus, die zu neuen Geschichten führen. Ein solcher Text ist stark genug, dass man ihn beim ersten Mal auch ohne Bilder lesen könnte. Der Schriftsteller Gianni Rodari hat dafür ein wunderbares Bild gefunden: Er vergleicht ein zufällig ins Bewusstsein geworfenes Wort mit einem Stein, den man in einen Teich wirft: Das Wort erzeugt »Wellen an der Oberfläche und in der Tiefe, löst eine endlose Kettenreaktion aus und zieht fallend Töne und Bilder, Analogien und Erinnerungen, Bedeutungen und Träume in eine Bewegung hinein, welche die Erfahrung und das Gedächtnis, die Fantasie und das Unbekannte berührt und sich noch dadurch kompliziert, dass eben das Bewusstsein sich während des gesamten Vorgangs nicht passiv verhält, sondern beständig in ihn eingreift, um aufzunehmen und zurückzuweisen, zu verknüpfen und zu zensieren, aufzubauen und zu zerstören«.

Bei einem guten Bilderbuch hüpft der Stein übers Wasser, bevor er versinkt. Denn die Bilder lösen neben den Worten weitere Assoziationen aus, die eigene Kreise ziehen, neue Geschichten in Gang setzen. Sybille Hein zeichnet zum Beispiel neben ihre Figuren oft Kommentare wie »fig 1«, »fig 2«, die an Schnittbögen erinnern. Fast ist man versucht, die Figuren auszustanzen und mit ihnen weiterzuspielen.

Geschichten stiften Identität

Und das Wort Emma? Was kann das auslösen? »Alle Möwen sehen aus, als ob sie Emma hießen«, hat Christian Morgenstern in einem Gedicht erklärt. Deshalb – oder aus einem ganz anderen Grund – tragen auch die Möwen in Maria Blazejovskys Bilderbuch »Emma Pippifilippi« alle diesen Namen, sobald sie fliegen können. Und alle sind stolz auf diesen Namen. Nur eine Möwe nicht: Sie will Pippifilippi heißen. Das ist ein Problem. Denn: »Möwenspiele sind Emmaspiele. Wenn du nicht Emma heißt, kannst du nicht mit uns spielen«, sagen ihre Geschwister. Pippifilippi fliegt fort, so weit, bis sie »nicht mehr weiterkonnte«. Auf ihrer Reise begegnet sie dem Mond, dem Wind, dem Regen, einem Affen und einem Raben. Und von jedem lernt sie, wie man ganz besonders sein kann. Aus den Begegnungen macht Pippifilippi Geschichten, die sie nach ihrer Rückkehr den Emma-Möwen erzählt. Indem sie die Geschichten teilt, zeigt sie, wie viele Möglichkeiten es gibt, besonders zu sein, und wie besonders es sein kann, so zu sein wie alle anderen. Das Wort stiftet Geschichten – und Identitäten.

Es ist immer eine Entdeckungsreise, wenn man mit Kindern in eine Geschichte eintaucht. Sie kann auch von den Zeichnungen ausgehen, die Kinder im Laufe ihrer Kindheit malen. Gerhard Schöne hat genau dieses Gedankenspiel in seinem Buch »Wenn Franticek niest« ausprobiert. 19 Geschichten hat er zu den Bildern seines Sohnes Jonas geschrieben, die weit über den Zeichenblock hinauswachsen. »Die Feuerwehr, die kein Feuer löschen konnte« oder »Das ugullische Seepferd« lauten die Titel der Erzählungen, denen man das Gespräch zwischen Vater und Sohn anmerkt. So können eigene Bücher entstehen, oder auch in einem kreativen Prozess, wie er bei den Buchkindern in Leipzig angeregt wird (s. S. 101 f.).

Wer mit Kindern Geschichten teilt, macht eine erstaunliche Erfahrung: Sie teilen sie gerne – im Gegensatz zu ihrem Spielzeug oder ihrem Lieblingsplatz. Mehr noch, wer ihnen eine Geschichte gibt, wird mindestens drei neue zurückbekommen. Die Schulklasse, die ich in mein Erlebnis mit der Waschmaschine eingeweiht habe, hat anschließend nicht nur fantastische Maschinen aus Pappkartons gebastelt. Sie haben mir auch Geschichten geschickt, lange, nachdem ich sie besucht hatte. Geschichten, von denen ein Autor nur träumen kann.

MLADEN JANDRLIC

Ein Projekt mit Modellcharakter: Die Buchkinder in Leipzig

Seit 2001 gibt es in Leipzig ein Projekt, das immer weitere Kreise zieht: Die Buchkinder – eine Buch- und Schreibwerkstatt für Kinder und Jugendliche zwischen vier und 18 Jahren.

»Kinder lieben Geschichten – denken sich welche aus – und vergessen sie irgendwann«, erklären die Verantwortlichen Ralph Uwe Lange und Brigitte Schulze Wehninck, Geschäftsführer des gemeinnützigen Vereins. »Im Freundeskreis Buchkinder e.V. entwickeln die Jungen und Mädchen ihre Geschichten zu eigenen Büchern. Sie überlegen und diskutieren ihre Idee, schreiben sie auf, illustrieren, setzen und drucken, bis die bunten Produkte ihrer Fantasie gebunden zwischen Buchdeckeln vorliegen.«

Manchmal seien die Bilder vor dem Text da, manchmal werde der Text illustriert, und wer noch nicht schreiben kann, dem wird von den Größeren geholfen. Auf die Orthografie kommt es nicht primär an, es ergibt sich im Laufe der Zeit, dass die Kinder darauf von alleine achten. »Die Kinder tauschen sich untereinander aus, entwickeln Achtung für die Ideen anderer«, so beschreiben die Initiatoren das Besondere des Projekts. Das Ergebnis kann sich sehen lassen: Über hundert einzigartige Bücher sind bislang entstanden, zahlreiche Seminare für Kinder, Jugendliche und Erzieher werden angeboten, auf der Frankfurter und Leipziger Buchmesse ist man mit einem eigenen Stand vertreten und bietet Lesungen an, sogar eine eigene Buchhandlung hatten die Buchkinder bis Juni 2009 in der Karl-Liebknecht-Straße in Leipzig.

Ein Beispiel aus dem Buchkinder-Programm ist das Bilderbuch »Der Wal Sebastian« von Josephine Gebhardt, die zum Zeitpunkt der Vollendung zehn Jahre alt war. Ihr Protagonist ist auf Reisen und kehrt in der Kneipe Wasserflohbude in Seefischstadt ein. Auf der Stelle verliebt er sich in die Kellnerin, doch er weiß nicht, wie er sie

DER WAL SEBASTIAN

DER WAL
SEBASTIAN

ansprechen soll. Am nächsten Morgen wagt er es endlich, doch blind vor Liebe bekennt er sich einem kleinen, dicken Kellner. So peinlich ist das, dass er im Meeresboden versinken möchte. Auf der Toilette wickelt er sich in Klopapier ein, sodass ihn fortan alle für eine Qualle halten. Mit dieser Tarnung erfährt er vom Kneipenchef, dass die Kellnerin gekündigt habe. Die Lösung des liebeskranken Walfischs? Er macht in Seefischstadt eine Buchhandlung auf, eines Tages wird die Kellnerin schon zurückkehren. Der Laden läuft bald so gut, dass Sebastian einen neuen Mitarbeiter sucht. Und wer bewirbt sich?

Josephine Gebhardt hat zuerst die Geschichte geschrieben, wie sie auf der letzten Seite verrät, und dann die Linolschnitte dazu angefertigt. Mit der Unterstützung von Sponsoren ist ihr Buch als eines von vieren des Buchkinder-Programms im Offsetverfahren gedruckt worden. Die meisten anderen Bücher sind originalgrafische Bücher, die im Linoldruck angefertigt werden.
Leider sieht man ihre Titel selten in Buchhandlungen. Dabei lauern bei den Buchkindern unglaublich gute Geschichten darauf, herausgeangelt zu werden.

Ein Bilderbuch ist mit Liebe gemacht und hält ein ganzes Leben lang

Wie Bilderbücher entstehen

Das Blau des Meeres im ersten Bilderbuch, an das ich mich erinnern kann, ist unendlich satt. Das Blau, das in Gedanken an das dicke Papier von damals in meinem Gedächtnis heute entsteht, ist kräftiger als das Blau des Meeres in der Wirklichkeit. Nach wie vor übertrifft jenes Bilderbuchblau aus meiner Kindheit jedes Blau aus der Gegenwart. Kein Fadenzähler dieser Welt wäre imstande, ein noch so feines Raster im erinnerten Blau zu entdecken.

Mein erstes Bilderbuch handelte von Seefahrern, von Entdeckern wie Christoph Kolumbus und Amerigo Vespucci. Ich werde nie die großen und leeren Farbflächen vergessen, die Schiffsplanken, die aus dem Buch heraus zu knarren schienen oder die flatternden Segel. Damit träumte ich mich aus dem Wohnzimmer, aus der Stadt hinaus in ferne Länder, in große Abenteuer. Da schon mein Vater und dann mein älterer Bruder in diesem dicken, alten Bilderbuch geblättert und damit gespielt hatten, war der Buchrücken nicht mehr intakt. Ich erinnere mich, an den heraushängenden Fäden und an der Gaze in kindlicher Neugier gezupft und an den Leimspuren gekratzt zu haben. Wann sich jenes Bilderbuch in seine Bestandteile aufgelöst hat, weiß ich nicht mehr. Es ist verschwunden, und ich gäbe sehr viel dafür, um es nur einmal wieder in der Hand zu halten. Obwohl ich das Buch wohl nie mehr sehen werde, begleiten mich die Bilder zu den Geschichten mutiger Entdecker und die dadurch hervorgerufenen Gefühle ein Leben lang: Jenes angenehme Fernweh sorgt noch heute für Aufbruchstimmung und Lebenslust.

Ein anderes großartiges Bilderbuch aus meiner Kindheit ist dagegen erhalten geblieben: der »Schellen-Ursli«. Als ich mit dem Schweizer Hersteller des »Schellen-Ursli« beim Verlag Orell Füssli (der übrigens auch Schweizer Banknoten druckt) Kontakt aufnahm und die Überschrift dieses Kapitels erwähnte, schmunzelte er und meinte: »Hoffentlich hält es nicht ein Leben lang, sonst würden wir zu wenige davon verkaufen.« Die Befürchtung ist unbegründet: Kaum ein anderes Bilderbuch des 20. Jahrhunderts verkauft sich in der Schweiz so kontinuierlich wie der »Schellen-Ursli«.

Beispiel eines Bilderbuchklassikers

Die Geschichte vom »Schellen-Ursli« nimmt Bezug auf einen alten Brauch namens Chalandamarz, den es noch heute im Ostschweizer Kanton Graubünden gibt. Als die Römer um 15

v. Chr. jene Region besetzten, begann nach dem julianischen Kalender das neue Jahr am 13. März. An diesem Tag wurden die dunklen und bösen Geister des Winters mit Lärm vertrieben. Noch heute ziehen Schulkinder am 1. März mit Kuhglocken singend durch die Dörfer dieser Gegend und bekommen dafür in jedem Haus Brot- und Kuchenstücke und Süßigkeiten.

In dem Bilderbuch »Schellen-Ursli« beschreibt die Graubündner Schriftstellerin Selina Chönz einen Bauernjungen namens Ursli aus dem idyllischen Bergdorf Guarda, der am Vortag des Chalandamarz von seinen Freunden gehänselt wird, weil er nur ein kleines Glöckchen bekommen hat. Und je kleiner die Schelle, umso weniger Süßigkeiten passen hinein, wenn man sie umdreht …
Wütend und traurig erinnert Ursli sich an die prächtige große Kuhschelle, die oben auf der Alp in der Hütte hängen müsste. Nach einigem Nachdenken steht sein einsamer Entschluss fest: Alleine wandert er durch Wälder, über Felsen und gefährlich wacklige Brücken bis zur Alp hinauf, wo der Schnee noch knietief liegt. Glücklich erreicht er die Hütte, findet die große Schelle und übernachtet dort oben fernab seiner Familie, während unten das ganze Dorf nach ihm sucht.
Am nächsten Morgen taucht er zur Erleichterung aller mit der Schelle zu Hause auf; er wird – und das ist das Moderne an diesem Ende der 1930er-Jahre geschriebenen Buch – nicht ausgeschimpft und bestraft, sondern verstanden. Mit seiner Schelle – nun die größte von allen – darf er stolz den Chalandamarz-Umzug anführen.

Die eingängigen Reime von Selina Chönz hat Alois Carigiet ungemein eindrücklich in Szene gesetzt. »In einem Bauernhaus geboren, war ich mit dem Leben eines Bergbuben, seinen kleinen Verrichtungen in Haus und Stall und auf dem Maiensäss (Alp) eng vertraut«, erklärte Carigiet, der trotzdem mehr als sechs Jahre für die Illustrationen seines ersten Bilderbuches brauchte, weil es immer scheinbar Wichtigeres gab, das dazwischenkam.

Amelie Fried: Kinder können unterscheiden

Meine Mutter hat mir, als ich klein war, viel vorgelesen, und manche Bücher habe ich – sowohl optisch wie auch inhaltlich – noch sehr genau in Erinnerung: »Waldi«, »Die Häschenschule«, »Wie Engelchen seine Mutter sucht«, »Der Struwwelpeter« oder auch den Schweizer Kinderbuchklassiker vom »Schellen-Ursli«.
All diese Bücher – und noch viele mehr – habe ich auch meinen Kindern vorgelesen, und natürlich fiel mir dabei auf, dass nicht alle auf der Höhe der pädagogischen Erkenntnisse unserer Zeit sind. In »Waldi« und im »Struwwelpeter« findet sich einiges an schwarzer Pädagogik, die man selbst natürlich niemals so praktizieren würde. Ich glaube aber, dass Kinder das durchaus unterscheiden können und großes Vergnügen an diesen Geschichten haben, gerade weil sie zum Teil ein bisschen altmodisch wirken. Für mich sind das Klassiker, die in jeder Generation zu neuem Leben erwachen können.

SCHELLEN-URSLI

Und doch wuchs derart langsam ein Meisterwerk, ein plakativ gestaltetes, mutig koloriertes und perspektivisch eigenwilliges Glanzstück moderner Bilderbuchmalerei heran. Allein die wilde Brückenszene sucht heute noch ihresgleichen.

Carigiet schwärmte von seiner Kindheit mit den zahmen und wilden Tieren, mit den Gämsen und Ziegen, dem Fuchs und dem Wiesel, dem Wind in den Kronen der Tannen oder dem Rauch in den Hütten. Trotzdem war es keine idyllische, sondern eine von Arbeit geprägte Zeit, denn Carigiet schleppte damals in den schweren Jahren des Ersten Weltkriegs Holz und Tannenzapfen aus dem Wald, schüttelte Maikäfer und pflückte Holunder. All das spiegelt sich in den Illustrationen des »Schellen-Ursli« wieder.

Otfried Preußler: *Fast ein Wunder*

Ich muss damals ein Junge von sechs oder sieben Jahren gewesen sein, als eines späten Nachmittags zwei auswärtige Herren bei uns in Reichenberg zu Besuch waren. Der eine trug einen Zwicker auf der Nase, der andere hatte einen Schnurrbart und rauchte Zigarren. Es waren der Dichter Hans Watzlik, der Onkel meiner Kinderjahre, und der Illustrator Ernst Kutzer.

Worüber sie mit meinen Eltern gesprochen haben, weiß ich heute nicht mehr; es hat mich auch nicht weiter interessiert.

Ich weiß nur noch, dass sie ein lautes und angeregtes Gespräch miteinander führten und dass mein Vater zu guter Letzt eines unserer Lieblingsbücher hervorholte, den »Firleifanz«, ein Bilderbuch mit vielen drolligen, höchst skurrilen Gedichten vom Onkel Hans mit eindrucksvollen Bildtafeln von der Hand Ernst Kutzers. Um eine Widmung gebeten, hat Watzlik einen lustigen Vierzeiler auf das Titelblatt geschrieben, während Ernst Kutzer sich selbst und den Autor der Texte in einer mit sicherem Strich auf Papier geworfenen Federzeichnung verewigt hat, umwölkt von Zigarrenrauch.

Wie die gesamte übrige Bibliothek meines Vaters sind Buch und Widmung im Mai 1945 der blinden Zerstörungswut einer Horde von tschechischen Revolutionsgardisten zum Opfer gefallen, denen der Hass auf alles Deutsche mächtig zu Kopf gestiegen war. Seit den Achtzigerjahren hab ich mir in Haidholzen die Bücher vom Onkel Hans Watzlik antiquarisch besorgt: Es fehlte nur noch der »Firleifanz«. Und der »Firleifanz« war und blieb nirgendwo aufzutreiben. Um die berühmten sieben Ecken herum habe ich dann gehört, dass ein Herr in der Nähe von Linz ein Exemplar des Buches besitze. Sogleich bin ich zu ihm hingefahren. Nein, er werde sich um keinen Preis der Welt davon trennen, sagte er. Auch nicht leihweise.

Da hab ich mir denn die lieben vertrauten Bilder noch einmal angeschaut: vom Schuster Leichdorn, von der schönen Docke, vom goldenen Rössel und alle anderen. Und die Gedichte hab ich mir abgeschrieben. Wenigstens sie, die kunstvollen, lustig und listig gedrechselten Verse hab ich auf diese Weise an Land ziehen können. Und wenn ich sie las, sie wiederlas, fühlte ich mich zurückversetzt ins deutschböhmische Reichenberg meiner Kinderjahre, wo zwei auswärtige Herren mit unseren Eltern ein lautes und angeregtes Gespräch führten, umwölkt von Zigarrenrauch.

Übrigens ist es mir endlich doch noch gelungen, den »Firleifanz« aufzutreiben. Was Wunder, dass ich ihn hüte wie einen Schatz.

In einem Vortrag vor dem Internationalen Kuratorium für das Jugendbuch in Ljubljana sagte Carigiet 1966: »Ich malte meine Kinderbuchblätter in der Sehnsucht nach dem verlorenen Paradies der Kindheit, und ich verfolgte dabei keine andere Absicht als die, allen Kindern in der Nähe und Ferne, und im Besonderen denjenigen in den Städten, etwas von dem Licht zu vermitteln, das meine eigene Kindheit erhellte. Ob das Kind in der Welt meine Stimme hören und meine Bildsprache verstehen würde, darüber hatte ich mich allerdings keinen allzu großen Illusionen hingegeben. Was dann geschah, war darum für mich wie ein kleines Wunder. Das Kind in der Welt antwortete! Es antwortete mit seiner Bejahung, mit seinem Glauben, mit seiner Begeisterungsfähigkeit, mit seiner Freude.«

»Schellen-Ursli« erschien erstmals 1945 und ist bis heute das erfolgreichste Schweizer Bilderbuch, millionenfach in der ganzen Welt verkauft. Die Geschichte des Jungen, der zunächst zu kurz kommt und sich mutig selbst zu helfen weiß, fasziniert Kinder heute ebenso wie vorige Generationen.

Der vielseitig interpretierbare archaische Ritus aus der Bergwelt, der Spannungsbogen vom traurigen Auftakt zum finalen Triumph, der erste kleine Abschied von den Eltern, der kindliche Ehrgeiz, der Wille, sich selbst einen Wunsch zu erfüllen, und die gelungene Selbstbehauptung in der Gruppe sind immerwährende Themen. Enttäuschung, Stolz, Trotz, Aufbegehren, Risikobereitschaft, Ausdauer bis hin zur verdienten Belohnung strahlen in kräftigen Farben und in markanten Konturen. Auch ein halbes Jahrhundert nach ihrer Entstehung bleibt Carigiets Ästhetik aktuell und wegweisend.

Die Herstellung

Ein Besuch in der Herstellungsabteilung des »Schellen-Ursli«-Verlags Orell Füssli in Zürich fördert Erstaunliches zutage: Oft wird bei Bilderbüchern heute 135 bis 170 Gramm schweres, matt gestrichenes Papier verwendet. Roland Stämpfli, Hersteller bei Orell Füssli, erklärt die Vorteile: Dieses Papier zieht die Farben weniger ein, es entsteht ein leichter Glanz, und die geschlossene Papieroberfläche ermöglicht den Druck eines feinen Rasters, was insgesamt zu einer guten Bildqualität führt. Aber der »Schellen-Ursli« bildet mit 170 Gramm schwerem Offsetpapier eine Ausnahme.

»Das richtige Papier ist bei den großen, weißen Flächen noch wichtiger. Ein Offsetpapier liegt bei diesem großen Querformat besonders gut. Und die Opazität des Papiers ist besser, also der Druck auf der Papierrückseite scheint weniger stark durch als beim matt gestrichenen Papier in der gleichen Stärke.«

Allerdings führt das zu Nachteilen beim Druck. Das Raster ist gröber, das heißt, die Abstufung der Farben ist weniger differenziert, weil das Offsetpapier die Farben stärker einsaugt als matt gestrichenes Papier. Dafür hat das Offset-

Quint Buchholz: Orte der Geborgenheit

Margarete Thieles »Was drei kleine Bären im Walde erlebten«, von den großen Geschwistern geerbt, war eines der allerersten bebilderten Bücher, die meine Mutter mir vorlas. Danach hieß mein Teddy Wollbäckchen – und heißt bis heute so, denn er sitzt immer noch in meinem Regal, inzwischen ein alter, würdevoller und sehr abgeliebter Herr in grauer Stoffhose und grünem Wollpullover. Die Illustrationen von Franziska Schenkel haben vielleicht eine Sehnsucht nach Geborgenheit in einer bisweilen sehr abenteuerlichen, aufregenden Welt mitgeprägt.

Oder das Wissen, dass Bilder Orte solcher Geborgenheit sein können – eine alte, aber auch wieder sehr aktuell gewordene Erfahrung.

papier haptische Vorzüge. Die meisten Menschen berühren das »Schellen-Ursli«-Papier lieber. Das reine Papierweiß und der strahlende Schnee scheinen sich beim Blättern in der Engadiner Geschichte in den Augen der Leser zu spiegeln.

Mit einem Fadenzähler demonstriert Roland Stämpfli das gröbere Raster beim »Schellen-Ursli« und vergleicht es mit anderen aktuellen Bilderbüchern: Die gröbere Farbqualität stört hier nicht wirklich – sie passt zum mutigen Jungen aus den Bergen mit den groben Kleidern in der wilden Felslandschaft.

Natürlich muss man auch bedenken, dass es keine große Auswahl an Druckpapieren gab, als das Buch 1945 erstmals erschien.

Stämpfli wirft einen Blick in die Zukunft, die bei Orell Füssli schon Gegenwart ist: Nur bei wenigen Druckereien ist noch ein feineres Raster als das üblicherweise bei Bilderbüchern angewendete 70er-Raster möglich – außer man druckt Bilderbücher mit einem »frequenzmodulierten Raster«, das ein Bilderbuch näher an eine fotorealistische Qualität führen kann. Ein erneuter Blick durch den Fadenzähler beweist, dass hier das Raster noch feiner ist.

Roland Stämpfli erzählt von engagierten Druckereien, von Brennfalz und Pappenstärke, von den komplizierten Wanderungen der Originalgrafiken eines Bilderbuches während des Produktionsprozesses, von Farbkeilen und Farbnormen – all das wird mit höchster Sorgfalt ausgewählt und produziert, all das ist sein Geld wert. All das fließt in die Kalkulation der Bilderbuchpreise ein.

Schließlich erzählt Stämpfli von elektronischen Prüfverfahren im Gegensatz zu menschlichen. Und da bei der Orell-Füssli-Druckerei nebenan die Schweizer Banknoten gedruckt werden, weiß er auch zu berichten, dass trotz aller technischen Hilfsmittel die Farbqualität der gedruckten Banknoten-Druckbogen von besonders ausgebildeten Frauen mit bloßem Auge geprüft wird – nur von Frauen, denn bei ihnen gibt es im Gegensatz zu Männern fast keine Farbenblindheit.

Die Lebensdauer vieler erzählender Bilderbücher ist im Buchhandel hierzulande recht kurz. Oft ist schon nach der ersten Auflage Schluss, nachgedruckt wird nicht, weil die Nachfrage aus dem Buchhandel erloschen ist.

Für die glücklichen Besitzer allerdings können sie zu generationenübergreifenden Büchern werden, beispielsweise weil sich Optik und Plot mit Ritualen und mit Familiengeschichten verweben. Es gibt Familien, in denen bereits die vierte Generation das Abenteuer des Schellen-Ursli erlebt, sei es in der zerfledderten Ausgabe

Alexa Hennig von Lange: Meine beste Freundin aus Kindertagen

Gerne erinnere ich mich an das Lieblingsbilderbuch aus meinen Kindertagen, es heißt »Na klar, Lotta kann Rad fahren«.

Sofort sehe ich das Buch mit grünem Cover vor mir – mit einem Mädchen mit roten Haaren im Kirschblütenregen. Da habe ich mich zum ersten Mal in einer Titelfigur wiedererkannt, das war ich. Und Lotta war meine beste Freundin. Ich habe mich noch einige Zeit später gefragt: »Wie würde das Lotta jetzt wohl machen? Wie fände sie das?« Ja, dieses Bilderbuch hat mich sehr geprägt.

Von der Idee zum fertigen Bild: Daniel Napp zeichnet Dr. Brumm

der Urgroßmutter, sei es in einer neuen. Und auch bei bestimmten Märchen der Brüder Grimm bevorzugt die eine Familie »ihre« Ausgabe, weil sie schon in der Kindheit der Eltern ein Lieblingsbuch gewesen ist. Dass ein solches Bilderbuch nach vielen Jahren immer noch nicht auseinanderfällt, dafür sind solche Menschen wie Roland Stämpfli verantwortlich.

Sensibilisierung aller Sinne

Eltern und Erzieher stehen immer wieder vor der Wahl, billige Kaufhausbilderbücher oder vergleichsweise teure Bilderbücher in der Buchhandlung zu kaufen. Buchhändler sind daher oft gefordert, einen scheinbar hohen Ladenverkaufspreis für Bilderbücher erklären zu müssen. Das Bilderbuch wird von vielen Kunden als ein hochpreisiges Produkt empfunden – die Milchmädchenrechnung »Wenige Seiten dürfen doch auch nur wenig kosten« scheint sich in den Köpfen festgesetzt zu haben. Oft heißt es, 12,90 Euro seien viel zu teuer. Dabei kostet ein Bilderbuch im Vergleich nicht mehr als zwei Spar-Menüs bei McDonalds, und der Nährwert ist ein ungleich höherer.
Wenn man die generationenübergreifende Bedeutung, die ein Bilderbuch in einer Familie einnehmen kann, vor Augen hat, wenn man den Aufwand und die Sorgfalt bedenkt, mit denen Verlage Bilderbücher produzieren, wenn man an das Engagement der Autoren und Künstler denkt, dann fällt die Legitimation des Verkaufspreises nicht schwer. Anderthalb Jahre brauchen Illustratoren oft, um ein Bilderbuch über mehrere Entwicklungsstufen zur Reife zu bringen; bei Carigiet waren es sechs Jahre, in der er auch noch andere Arbeiten erledigt hat, gewiss. Aber die Vorstellung, Zeichnungen und Gemälde seien mal so eben schnell zu Papier gebracht, quasi als Folge eines einzigen genialen Geistesblitzes, mögen vielleicht für ein Bilderbuch unter Tausenden zutreffen. Der Rest ist harte Arbeit, die auch Spaß machen kann. Nicht nur aufwendige Techniken wie Acrylmalerei oder komplizierte Collagen brauchen ihre Zeit, sondern auch die Komposition der Seiten. Das Gleiche gilt für die Autoren der Bilderbuchtexte. Wenige Sätze sind nicht gleichzusetzen mit wenigen Minuten Schreiben. Gerade das Gegenteil ist der Fall: das Wort »dichten« kommt davon, dass man einen langen Text auf wenige Zeilen bringt, ihn verdichtet, so wie ein guter Bratenfond um so intensiver wird, je länger er eingeköchelt wird. Jeder, der einmal versucht hat, eine Geschichte in wenigen Sätzen zu erzählen oder aufzuschreiben, weiß, wie schwer das ist. Und ein Bilderbuchtext muss sein Können unter Beweis stellen, indem er beim Lesen bereits Bilder im Kopf aufruft, indem er weit über die paar Worte hinausgreift, indem er andeutet und Fantasien freisetzt.

All das ist bei einem Preis mit einzukalkulieren. Eva Kutter, Programmleiterin des Verlages Fischer Schatzinsel, weist darauf hin, dass es die Käufer nicht interessiere, welche Kosten von der Entstehungsphase eines Bilderbuchs über den Druck bis zur Lancierung in der Buchhandlung zusammenkommen, welche Honorare, Papierpreise und Mieten finanziert sein wollen. Viele Käufer ziehen den Buchumfang und das Gewicht als Kriterium heran: Dicke Bücher dürfen offensichtlich einen höheren Preis haben. Das Bilderbuch ist auch sein Geld

Hans Magnus Enzensberger: Für einen spielerischen Umgang mit Bild und Text

»Nein, Bilderbücher halten eben nicht ein Leben lang! Die werden verbraucht, die fallen ja auseinander. Aber das ist auch ein Zeichen für ihre Wichtigkeit, wenn sie zerlesen, zerfetzt, und voller Flecken sind. Erwachsenenbücher sind nie so zerlesen wie Bilderbücher. Deswegen sind Bilderbücher ja auch so teuer im Antiquariat«, sagt Hans Magnus Enzensberger in seiner Münchner Wohnung. Er nimmt Bezug auf die These »Ein Bilderbuch ist mit Liebe gemacht und hält ein Leben lang« des Buches »Mit Bilderbüchern wächst man besser«.

Hans Magnus Enzensbergers erstes Bilderbuch, an das er sich erinnern kann, heißt »Hatschi Bratschis Luftballon«. Eine Dichtung für Kinder von Franz Karl Ginzkey. Mit vielen Bildern von Erwin Tintner.
Im Jahr 2004 suchte Enzensberger gezielt nach dem Buch: Es wurde für 980 Euro angeboten. Aber er kaufte es nicht, aus Angst, er könnte enttäuscht sein, wenn er dem Hatschi Bratschi wieder begegnete. Womit er etwas verlieren könnte, das ihm teurer ist als tausend Euro. Doch in der Folge einer Veröffentlichung in der FAZ, worin Enzensberger kurz berichtete, dass »Hatschi Bratschis Luftballon« eines seiner Lieblingsbücher sei, meldete sich eine ältere Dame und schenkte es ihm. Nun liegt es vor uns. Zerlesen und voller Flecken.
Liebevoll wendet Enzensberger die Seiten und erzählt von der Bedeutung dieses Buches. Franz Ginzkey sei »ein obskurer österreichischer Schriftsteller« gewesen, »ein Vielschreiber«. Die Bilder von Tintner seien grafisch gar nicht ohne – »karikaturhaft«. Aus den Bildern gehe hervor, dass es keine realistische Geschichte sei, dass man das Abenteuer also nicht mit der Wirklichkeit verwechseln könne.

»Hinterher gedacht haben die beiden ersten und wichtigsten Bilderbücher in meinem Leben (das andere ist ›Der Struwwelpeter‹) zwei Dinge gemeinsam: Sie handeln von Kindern, die fliegen. Sie sind als Warnung gedacht, fliegen sei gefährlich. Es wäre manchmal besser, zu Hause zu bleiben. Aber Kinder machen mit Bilderbüchern, was sie wollen. Die pädagogische Absicht wird von Kindern oft umgedreht.«
Hans Magnus Enzensberger war etwa fünf Jahre alt, als er das Bilderbuch »Hatschi Bratschis Luftballon« geschenkt bekam. Angstlust spielte eine Rolle für seine Begeisterung. Und seine Aversion gegen die Schwerkraft, seine fehlende Bodenhaftung. Heute liest er es lachend noch einmal: Pfeilschnell durch die Luft fliegt Hatschi Bratschis Luftballon. Und der Junge in der Gondel fliegt davon.
Hans Magnus Enzensberger hat noch viel später ein Gedicht über den fliegenden Robert aus »Struwwelpeter« geschrieben. »Offenbar ist das eine Obsession bei mir«, gesteht er und spricht vergnügt von Aufmüpfigkeit, Freiheit und Kunst und davon, dass »Hatschi Bratschis Luftballon« ein politisch unkorrektes Buch sei. Ganz schreckliche Sachen kämen darin vor: Der böse Hatschi Bratschi sei ein Türke. Enzensberger hatte Anfang der 1930er-Jahre noch nie einen Türken gesehen: »Türken gab es nicht. Hatschi war für mich eine reine Fantasiegestalt.«
Es komme aber noch schlimmer, lacht Enzensberger und erzählt die ganze Geschichte: Bratschi,

der die Kinder holt, der mit ihnen über die Alpen fliegt, der noch mehr Kinder sucht, der sich schließlich vorbeugt und hinunter in den Brunnen fällt. Der junge Held aber fliegt weiter mit dem Luftballon von einem Abenteuer zum nächsten. Storch, Sturm, Hexe: »Es ruft ein großer Rabe / armer Knabe, armer Knabe!« Doch der Junge weiß sich zu helfen und hat außerdem Glück. Und weiter nach Italien: »Inselland im Meer / von Früchten schwer.«

Klischees würden mit diesem Bilderbuch vermittelt. Klischees seien Vereinfachungen. Das Bild von Italien in Hatschi sei ein utopischer Raum, das mit einem zählebigen Vorurteil spiele. Manche Deutsche hätten dieses Bild von Italien immer noch. »Sie haben keine Ahnung, wie schwer es ist, in Italien Geld zu verdienen. Sie geben dort das Geld immer nur aus.« Und wenig später fliegt der Junge über Afrika: »Aber mit dem großen Messer / kommen schon die Menschenfresser.«

Enzensberger spricht von den Reimen, vom Auswendiglernen und davon, dass »Hatschi Bratschis Luftballon« das einzige seiner Lieblingsbücher sei, das er jemals von vorne bis hinten auswendig aufsagen konnte.

Am Ende kommt der Junge ins Türkenland, in den Palast des Hatschi Bratschi, und befreit alle Kinder, die dort schon gefangen gehalten wurden. Schwer beladen fliegt er mit allen Kindern zurück nach Hause. »Auch eine fabelhafte Größenfantasie für Kinder«, so Hans Magnus Enzensberger.

Nach dem Zweiten Weltkrieg erschienen umgeschriebene und neu illustrierte Fassungen, immer in der Absicht, politisch korrekter zu wirken. »Das hat alles nicht gereicht, um dieses Buch zu retten«, erklärt Enzensberger und verweist darauf, dass auch viele Märchen nicht korrekt seien. Er spricht von der »Unberechenbarkeit von Büchern«, von der Unmöglichkeit, deren »Wirkung zu kontrollieren« und von den »Grenzen der Zensur«. Er erinnert an die Versuche der Amerikaner, Mark Twains Werk zu verändern und zu entschärfen. Doch die Urfassungen sind heute präsenter denn je. Sie halten ein Leben lang – und länger.

Am Ende geht Hans Magnus Enzensberger die verbleibenden Thesen des Buches durch:
Ja, der Hatschi war ein Tor zur Welt des Lesens, Entdeckungen habe er viele dabei gemacht. Und zum Spielen animieren Bilderbücher, zum Drachensteigenlassen zum Beispiel.
Und hundertmal lesen? – Er konnte »Hatschi Bratschis Luftballon« vorher schon auswendig. Mit Bilderbüchern würde man aber nicht so sehr die Welt begreifen, sondern eher lernen, die Gefahren, die Tricks und die Wünsche zu definieren. Also nicht nur selbst davonzukommen, sondern auch die anderen Kinder zu retten. Und Wege zu finden, wie man mit Autoritäten umgeht. »Ein realistisches Weltbild sollte man von Bilderbüchern nicht erwarten. Ein Kursus in Weltkenntnis – wie es wirklich ist – wäre nicht Sinn der Sache«, sagt Hans Magnus Enzensberger. Dazu seien die Fiktion und das Bilderbuch nicht da. Es gehe viel mehr ans Unbewusste. Bilderbücher seien kein Nachhilfeunterricht. »Ja, Lust für eigene Geschichten im Gegensatz zu den Schulaufsätzen. ›Und später kann man es selber lesen‹ – warum nicht gleich?«, fragt Hans Magnus Enzensberger und plädiert für den frühen, den vorschulischen und spielerischen Umgang mit Bild und Text.

wert, weil der Verlag ein warmes, gut riechendes und samtiges Papier verwendet und eine herstellerische Verarbeitung gewählt hat, durch die das Bilderbuch von Kinderhänden immer wieder gezogen und gebogen werden kann, ohne auseinanderzufallen. Und ihre Kollegin, die Peter-Hammer-Verlegerin Monika Bilstein, meint: »Eine Auflage von 1.500 Exemplaren ist rechnerisch der helle Wahnsinn!« Selbst bei 3.000 bis 4.000 Stück rechne sich das Buch nach Abzug aller Kosten, auch für Werbung und Vertrieb, oft erst mit einer Neuauflage. Ihre Lektorin Karin Gruß zählt im Einzelnen die hohen Herstellungskosten auf: Diese richten sich nach Auflagenhöhe, Format, Seitenzahl, Ausstattung (z. B. Leinenrücken) und Papier, aber auch den häufig sehr aufwendigen Lithos oder Andrucken, die von Originalillustrationen gemacht werden. Den hohen Herstellungskosten mit kleinen Auflagen sei kaum beizukommen. Je kleiner die Auflage, desto höher der Herstellungspreis pro Exemplar, so Karin Gruß. Da die Schmerzgrenzen beim Ladenpreis nicht überschritten werden dürfen, haben die Verlage ein Problem.

Das besondere Buch

Ein Buch, das Sehenden einen Eindruck davon vermitteln kann, was es heißt, blind zu sein, ist ein ambitioniertes Projekt. Wie sieht so ein Buch aus und welchen Bedürfnissen muss es standhalten?
In der mexikanischen Originalausgabe »Das schwarze Buch der Farben« ist die Blindenschrift mit UV-Lack nachgebildet. Sie lässt sich ertasten, aber nur für Sehende. Der deutsche Verlag ist der Ansicht, dass gerade so ein Buch auch für blinde Kinder lesbar sein muss.
Bücher für Blinde sehen in der Regel anders aus, haben kein Cover, werden nicht gebunden. Ein industriell gefertigtes Buch, das gleichzeitig den Ansprüchen von Sehenden und Blinden gerecht werden sollte, ist fast so etwas wie die Quadratur des Kreises. Bei der mexikanischen Originalausgabe ist weißes Papier schwarz bedruckt, der normale Text ist weiß, die Blindenschrift und die Abbildungen werden mit Spezial-UV-Lack leicht hervorgehoben. Die mexikanische Variante ist in der Herstellung günstiger als die deutsche Ausgabe, doch der deutsche Verlag wollte verhindern, dass bei möglichem Knicken der Seiten plötzlich das

Klaus Kordon: Lumpengesindel im Leben

Mein erstes Bilderbuch hieß »Vom Peter, der sich nicht waschen wollte«. Ich erkannte die Absicht und war nicht beeindruckt. Mein zweites Bilderbuch hatte den Titel »Das Lumpengesindel«. Darin wurde das bekannte Märchen der Brüder Grimm wiedergegeben. Dieses Bilderbuch gefiel mir schon besser. Das Lumpengesindel darin war ja wirklich ziemlich ekelhaft.
Auch spürte ich wohl unbewusst, dass es nun mal solches Lumpengesindel auch im wirklichen Leben gibt. Viel mehr Bilderbücher bekam ich nicht in die Hand, da ich schon frühzeitig »richtige« Bücher gelesen habe. Erst als Erwachsener habe ich wieder Bilderbücher schätzen gelernt. Und da gibt es eines, das ich besonders gerne empfehlen möchte: »Papa in Panik« von Philip Waechter.

Weiß des Papiers durch die darauf gedruckte schwarze Farbe bricht. So wurde konsequent ein durchgefärbtes, schwarzes (und teureres) Tonpapier verwendet, die Blindenschrift geprägt statt aufgesprüht, damit sie auch wirklich erfühlbar ist, und die Abbildungen in Relieflack ausgeführt. Die Musterseite war für Blinde lesbar/ertastbar, aber im fertigen Musterband dann leider nicht mehr. Warum? Die einzelnen Seiten sind beim Schneiden und Binden nämlich einem Druck ausgesetzt. Erhebungen werden dadurch flach gedrückt. Die Druckerei hat deshalb die Seiten letztlich nicht geschnitten, sondern gestanzt und einmal umgeknickt: eine sogenannte japanische Bindung. Damit liegt keine Rückseite offen – sonst wäre nämlich die gestanzte Blindenschrift von der Rückseite her zu erfühlen, was zu Irritationen beim Erkennen der Buchstaben führen würde.

»Wir haben die Lesbarkeit der Blindenschrift testen lassen und eng mit der Frankfurter Stiftung für Blinde und Sehbehinderte zusammengearbeitet. Der Satz der Blindenschrift wurde von der Marburger Blindenanstalt gemacht«, berichtet Fischer Schatzinsel-Lektorin Helga Preugschat. »Am meisten habe ich mich über das Lob von der Frankfurter Stiftung für Blinde und Sehbehinderte gefreut: ›Es passiert leider selten genug im deutschsprachigen Raum, dass sich ein renommierter Verlag mit solcher Ernsthaftigkeit für ein verhältnismäßig kleines Marktsegment engagiert.‹«

Wir leben in einer Welt, in der visuelle Reize dominieren. »Das schwarze Buch der Farben« aber sensibilisiert alle Sinne. Es ist ein besonderes Buch, das viel herstellerisches Können verrät. Und das für seine stolzen Besitzer wohl ein Leben lang halten wird.

NICOLA BARDOLA ■

Ein Bilderbuch kann man sich vorlesen lassen. Das ist das Schönste!

Wie sich mit Bilderbüchern ganz besondere Momente erleben lassen

Bilderbücher vorzulesen oder sich vorlesen zu lassen, das bedeutet immer auch, Geschichten gemeinsam zu erleben. Das schafft Nähe und Geborgenheit, denn Geschichten sind Geheimnisse, die man teilen kann, ohne sie aufzudecken: weil sie uns auf immer neue Ideen und Rätsel bringen, die fortan ein Eigenleben führen können.

Auch Erwachsene pflegen zuweilen das Ritual des gegenseitigen Vorlesens, denn für manche sind Hörbücher bei aller Professionalität ihrer Sprecher nur ein schwacher Ersatz, da kein Dialog entstehen kann. Mit Kindern Bilderbücher zu betrachten, birgt jedoch noch ein ganz anderes Potenzial. Denn nicht selten sind sie es, die uns die Welt erklären.

»Indianerjunge Kleiner Mond« von Winfried Wolf mit Bildern von Nathalie Duroussy ist solch ein Buch, das uns zeigt, wie unsere Wahrnehmung von vielem geprägt ist, was wir erleben – und daher auch manchmal Wesentliches übersehen. Die Geschichte ist traurig: Kleiner Mond ist ein Indianerjunge, der keine Eltern und keinen Stamm mehr hat.

Zu Beginn sehen wir ihn zusammengekauert dasitzen, alles, was ihm geblieben ist, sind ein ebenso verlassenes kleines Pony und eine Feder. Nicht einmal der große Mond hat eine Antwort auf die verzweifelte Frage des Kindes nach seinen Wurzeln.

Der Junge wandert mit dem Pferd in die weite Prärie. Es wird Nacht. Auf der Doppelseite in der Mitte des Buchs ist es düster. Kleiner Mond liegt mit großen Augen bei seinem schlafenden Pony und hält sich an seiner Mähne fest. Nach und nach entdecken wir weitere Waldbewohner, eine Eule, ein Eichhörnchen, ein Reh. Jetzt ist es wirklich zum Verzweifeln.

»Habt ihr keine Angst?«, wollte der Vorleser wissen, als er das Buch gemeinsam mit einer Gruppe von Grundschülern betrachtete. Ohne zu zögern, antwortete ein Junge: »Nein. Wenn es gefährlich wäre, würde das Reh nicht dort stehen und uns angucken. Das wäre schon längst weggelaufen.«

Eine einfache wie absolut einleuchtende Erklärung, die erst mal sprachlos macht. Immer wieder war das Buch schließlich von Pädagogen in Zweifel gezogen worden. Sie hielten es für zu düster und behaupteten, Kinder könnten davon Albträume bekommen, weshalb man es ihnen nicht zumuten könne. Und nun war plötzlich ein Argument da, das so einfach war, dass vielleicht gerade deshalb noch niemand darauf gekommen war. Denn der erwachsene

INDIANERJUNGE KLEINER MOND

Blick war von Anfang an verstellt gewesen: von allen Gegenargumenten, die man immer wieder hört, wenn sich ein Bilderbuch an dunkle Farben und ernste Themen wagt.

»Indianerjunge Kleiner Mond« hat noch weitere traurige Momente: Der Junge freundet sich mit einer alten Frau an, doch sie stirbt am Ende des kalten, langen Winters. Aus der bedrückenden Situation bricht Kleiner Mond tieftraurig, aber auch mit Kraft und Lebensmut zu neuen Wegen auf.

Denn die alte Frau hat ihm vor ihrem Tod ein Lied vorgesungen, eine Geschichte mit ihm geteilt: Er werde einen neuen Stamm finden und gute Eltern haben. Sie hat sich die Wolldecke über den Kopf gezogen, und diese verschmilzt auf dem letzten Bild mit der Erde, über die der Indianerjunge mit seinem Pferd weiterzieht. Ein sattes, leuchtendes, lebendiges Orange umgibt ihn, wir sehen die Haare und eine Hand der Alten, die neuen Wurzeln des Heimatlosen. Und wenn ein Kind all diese großen Themen nicht auf einmal erfasst? Es sollte dennoch die Chance bekommen, ein solch komplexes Bilderbuch anzusehen.

»Nicht jedes Buch, das ein Kind liest, muss sofort verstanden werden. Ein Bodensatz darf bleiben und wird sich gewiss später auflösen«, erklärt Hans-Joachim Gelberg, ehemaliger Leiter des Beltz & Gelberg Verlages. Und fügt hinzu: »Bücher ohne Geheimnis sind leer.«

INDIANERJUNGE KLEINER MOND

Vorlesen verbindet Generationen

Wie sehr das Teilen von Geschichten zwei Menschen unterschiedlicher Generationen miteinander verbinden kann, zeigt auf ganz andere Weise das Bilderbuch »Rote Wangen« von Heinz Janisch mit Bildern von Aljoscha Blau. Hier berichtet ein Junge, was sein Opa alles erlebt hat. »Zumindest erzählt er das. Und wenn mein Großvater das erzählt, dann stimmt es auch.«

Das erste Bild zeigt die beiden im Gespräch. Der Lehnstuhl des alten Mannes hat ein Muster, das sich auf seinem Pullunder fortsetzt, und schon als kleiner Junge hat er solch ein Kleidungsstück getragen, wie wir auf den folgenden Seiten feststellen. Ein leichter Zweifel schwingt mit, ob die Geschichten alle wahr sind.

»Einmal hat mein Großvater einen roten Knopf in seinem Nabel entdeckt. Als er ihn drückte, da sprühten plötzlich rote Funken aus seinen Ohren.« Wir sehen den Großvater als Kind in einer Schüssel voll Wasser stehen, die Frau, die ihn baden möchte, hat Brandflecken auf der Schürze und lässt vor Schreck die Wasserkanne fallen.

Auch, dass der Großvater im Krieg mit dem Fallschirm direkt in seinen Schaukelstuhl im Garten gesprungen ist, weil er einfach nur noch nach Hause wollte: schwer zu glauben, aber wenn Opa es so sagt, dann war es auch so.

ROTE WANGEN

Die Geschichten machen Opa und Enkel zu Verbündeten. Sie teilen sogar Geheimnisse: So entdeckt der Großvater eines Tages eine seltene Tierart in einer Höhle und erzählt davon nur seinem Enkel, damit die schönen Geschöpfe ungestört weiterleben können.

Als das Kind dann erzählt, dass sein Großvater einmal so müde gewesen sei, dass er 27 Tage und Nächte lang durchgeschlafen habe, deutet sich die Krankheit des Opas an. Aber es gibt eine andere Erklärung: »Er hat gesagt, dass er im Traum eine Weltreise gemacht hat, und es hat eben so lange gedauert, bis er einmal rundherum war.«

Das Band, das mittels der Geschichten zwischen Großvater und Enkelsohn geknüpft wird, hat auch nach Opas Tod Bestand. Denn wie angedeutet: Der alte Mann wird immer durchsichtiger, hat wieder die roten Wangen aus seiner Kindheit, und die anderen behaupten, er sei schon vor einem Jahr gestorben.

Der Junge jedoch bleibt im Gespräch mit ihm: »Und dann erzählt er mir eine Geschichte. Und noch eine. Und ich kriege rote Wangen vom Zuhören, und wir haben viel Spaß.«

So sitzt der Junge auf dem letzten Bild in einem leer geräumten Zimmer, in dem neben seinem eigenen Hocker nur der Schaukelstuhl des Großvaters verblieben ist – und der Schatten des alten Mannes, der nicht aufhört zu erzählen.

Der Junge sieht die Betrachter – Vorleser und Zuhörer – fröhlich an und macht sie zu Eingeweihten seines Geheimnisses. Er hat die Geschichten seines Großvaters für uns aufgeschrieben – die Seiten seines Heftes sind die des Bilderbuchs –, er hat seine eigenen Illustrationen hinzugefügt. Und das Heft ist längst noch nicht voll.

Tipps für das Vorlesen eines Bilderbuchs

- Es gibt gute Vorleser und solche, die noch besser werden können. Die wichtigste Voraussetzung ist die eigene Begeisterung für die Geschichte. Nur so bringt man sie ohne Mühe glaubwürdig hinüber, nur so überzeugt sie die anspruchsvollen Zuhörer.

- Die zweite Voraussetzung: Nie das Publikum aus den Augen verlieren. Ständiger Blickkontakt ist wichtig, um mitzubekommen, ob das Kind der Geschichte folgt, ob es Fragen hat oder eigene Geschichten erzählen möchte.

- Sind diese beiden Punkte geklärt, kann man es sich gemütlich machen – die Geborgenheit einer Vorlesesituation ist das Besondere. Mit einer guten Vorlesetechnik kann man sie zu einem noch größeren Genuss machen. Dazu gehört, mit der Stimme zu spielen, ohne unnötig zu übertreiben. Eine spannende Situation liest man schneller als eine traurige, eine heitere hat eine andere Nuance als eine befremdliche. Auch unterschiedliche Personen einer Geschichte können in verschiedenen Stimmlagen gesprochen werden.

- Nicht jede Geschichte muss textgetreu zu Ende erzählt werden: Der Vorleser kann einen Handlungsstrang weglassen oder das Ende mit eigenen Worten nacherzählen. Dann allerdings sollte er sich die Änderungen im Text merken – wenn Kinder die Geschichte »noch mal, noch mal« hören wollen, bestehen sie auf der ihnen vertrauten Variante. Ebenso kann man mit den Kindern einen eigenen Schluss erfinden.

- Bei Bilderbüchern ohne Text sollten sich die Erwachsenen zurückhalten, um gemeinsam mit den Kindern die Bilder zu entdecken. Dann können beide die Lücken und Leerstellen zwischen den Bildern mit eigenen Geschichten und Erfahrungen füllen.

- Vorlesezeiten werden schnell zu geliebten Ritualen, die man unbedingt gegen die Hektik des Alltages verteidigen sollte.

- Wer es mit einer größeren Gruppe von Zuhörern zu tun hat, sollte die Variante eines Bilderbuchkinos in Betracht ziehen. Anbieter wie MATTHIAS-FILM (www.matthias-film.de) bieten zahlreiche Titel zum Abspielen auf Dias bzw. DVD an. Während die Bilder mit Projektor oder Beamer an der Wand leuchten, lassen sich die Gesichter des Publikums gut beobachten. Freies, gemeinsames Erzählen ist gefragt, wenn die Kinder mit der Geschichte mitgehen. Solche Bilderbuchkinos lassen sich zu größeren Projekten ausbauen, zum Beispiel in der Grundschule. Dort können Kinder höherer Klassen selbst als Vorleser aktiv werden.

- Die Erfahrung der eigenen Stimme, die Überlegung, welche Musik begleitend eingesetzt werden könnte, das Erkunden der Dramaturgie eines Textes: All dies steigert die Lesemotivation, fördert die Aussprache und macht stolz auf den eigenen Vortrag. Der kann auch durch die Gestaltung von Einladungs- und Eintrittskarten vorbereitet werden – bis hin zur Zubereitung von Popcorn, das schließlich zu einem richtigen Kino dazugehört.

LEONARDO WILL GERN SCHRECKLICH SEIN

Eine besondere Vorlesesituation bietet das nächste Bilderbuch. Denn Zweifel tauchen auf, wenn sich ein Monster ausdrücklich wünscht, schrecklich zu sein. Ist ein Monster das nicht immer und automatisch? Muss es so etwas wollen? »Leonardo will gern schrecklich sein«, eine Geschichte von Mo Willems, lädt dazu ein, sich über die Definition von »schrecklich« auszutauschen. Denn nicht nur Leonardo ist eher ulkig als schrecklich im ursprünglichen Sinne, auch sein Vorbild Zacharias mit seinen 1.642 Zähnen sieht drollig aus, genauso wie die riesige Ricarda und der supersonderbare Sven.

Also sucht sich das frustrierte Monster das schreckhafteste Kind, das es gibt auf der Welt – und findet es in: Stefan. Doch jeder Versuch von Leonardo, diesen Stefan und damit auch das Kind, dem seine Geschichte vorgelesen wird, zu erschrecken, sorgt für Heiterkeit. Schrecklich ist etwas anderes.

Stefan weint nicht, weil er sich erschrocken hat, sondern weil sein älterer Bruder ihm das Lieblingsspielzeug mutwillig zerstört hat, er in der Badewanne Seife in die Augen bekommen hat – und weil er keine Freunde hat, vor allem deshalb. Selbst ein kleines Monster wie Leonardo muss einsehen, dass es kaum etwas Schlimmeres geben kann, und umarmt den Jungen mit den Worten »Wird schon alles werden«. Die beiden Außenseiter finden Trost und werden die Dinge künftig anders betrachten – aber sie bleiben sie selbst.

Denn, so zeigt die Schlussszene, Leonardo versucht auch künftig, Stefan zumindest ein bisschen zu erschrecken.

»Leonardo will gern schrecklich sein« lässt sich auf ganz besondere Weise vorlesen. Kinder können Geschichten schnell auswendig und sprechen sie oft mit, wenn sie zum wiederholten Male erzählt werden. Bei »Leonardo« jedoch können sie selber mitlesen: Die Typografie hat wichtige Worte in Großdruckbuchstaben und Signalfarben gesetzt. Wer vorliest und den Text mit dem Finger verfolgt, gibt dem Zuhörer den Einsatz, seinen Teil der Geschichte vorzulesen. Zum Beispiel, wenn das Monster jubelt: »Ich hab jemandem eine GÄNSEHAUT verpasst!«

Auszeit im Alltag

Vorlesezeiten bieten Rückzugsmöglichkeiten von der Hektik des Alltags. Man sollte sie suchen und ritualisieren, auch wenn vermeintlich dringendere Termine dagegen zu sprechen scheinen. Für das Vorlesen spricht nicht »nur« das Wohl des Kindes, sondern auch das des erwachsenen Vorlesers. Bei Bilderbüchern ist das gemeinsame Abtauchen in eine Geschichte ein besonders sinnliches Erlebnis: Nicht nur das Ohr ist beteiligt, über die Bilder wird ein weiterer Sinn – die Augen – angesprochen. Man kann experimentieren: In manchen Geschichten sollte man ruhig zuerst das Bild zeigen und den Text erst vorlesen, wenn das Kind seine

LEONARDO WILL GERN SCHRECKLICH SEIN

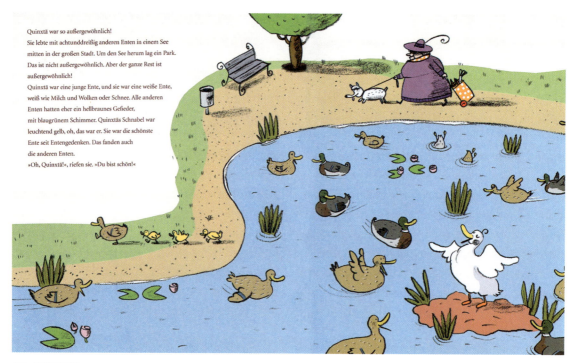

OH, QUINXTÄ!

eigene Interpretation gefunden hat. Das einzigartige Zusammenspiel von Text und Bild ermöglicht ein Spiel mit Erwartungen, Ideen, eigenen Erfahrungen und Worten.

Es gibt Bilderbücher, die sollte man gar nicht alleine anschauen dürfen. Zu solchen gehört »Oh, Quinxtä!« von Will Gmehling und Barbara Jung. Denn wie soll man alleine mit einem Buch fertig werden, das bereits nach den ersten drei Zeilen behauptet: »Aber der ganze Rest war außergewöhnlich«?

Der ganze Rest? Das ist die Geschichte von Quinxtä, der Ente mit der unbändigen Lust, sich in Schwierigkeiten zu bringen, sich nicht mit dem zu begnügen, was ist, sondern immer das Abenteuer zu suchen, selbst wenn es sie Kopf und Federkragen kosten könnte. Im Gegensatz zu zahlreichen anderen Geschichten – und auch das ist sehr erfrischend – wird die Auffällige nicht zur Außenseiterin. Im Gegenteil: Die übrigen Enten bewundern ihre exzentrische Freundin und rufen immer wieder und immer im Chor »Oh, Quinxtä!«, wenn diese etwas Verrücktes tut.

Dieses kleine Ritual lässt sich beim Vorlesen bestens inszenieren – je mehr Zuhörer und Mitrufer, umso besser. Und als Quinxtä dann doch noch in Lebensgefahr schwebt und buchstäblich in letzter Sekunde von ihren Entenfreundinnen gerettet wird, schnattern diese zunächst rituell (und, wie der Leser vermutet, noch etwas lauter als sonst) ihr »Oh, Quinxtä!«, schieben dann aber ein »Oh, WIR!« nach. Das ist nicht nur komisch, weil es das neue Entenselbstbewusstsein so euphorisch zum Ausdruck bringt, sondern auch, weil es den Refrain beim Vorlesen scheinbar durchbricht und doch zugleich unterstreicht.

Kinder sind Bildsprachenexperten

Aber nicht nur um des gemeinsamen Lachens willen sollte sich niemand alleine an Quinxtä wagen: Die Illustrationen enthalten so viele lustige Details, sinnreiche Anspielungen, kleine Boshaftigkeiten, vermeintliche Wegweiser, dass der erwachsene Vorleser unbedingt auf die Hilfe der kindlichen Bildsprachenexperten angewiesen ist. Sonst übersieht er womöglich, dass die dicke Frau auf dem ersten Doppelbild einen böse dreinblickenden Hund an der sehr gespannten Leine führt. Erst auf der nächsten Seite merkt der Leser, dass der Hund wohl nur als Ablenkung gedient hat: Quinxtä hatte es nämlich auf den auffälligen Hut der dicken Frau abgesehen. Hätten wir uns nicht auf den Hund konzentriert, hätte es Quinxtä womöglich nicht geschafft, die dicke Frau und uns zu überraschen.

Es ist ebenfalls fraglich, ob jemand vorlesen und zugleich merken kann, dass sich auf dem vorletzten Bild zwei Hunde zu verstecken versuchen. Im Text wird kein Wort darüber verloren. Wer die Hunde aber entdeckt hat, wird das letzte Bild umso lustiger finden …

Ein Ausruf wie »Oh Quinxtä!« ist zweifellos dazu geschaffen, den Sprung vom Bilderbuch in den Alltag zu schaffen. Verstehen können ihn nur diejenigen, die das Buch gelesen haben. So bleiben Vor- und Mitleser über die Lektüre hinaus Verbündete.

Das vermag auch »Mariechen fraß 'nen Hasen auf«, eine Geschichte von Bill Grossman mit Bildern von Dorota Wünsch. Die erste Szene: »Mariechen fraß 'nen Hasen auf. Jetzt nimmt die Sache ihren Lauf und sie wird kotzen, dachten wir, und zwar total und jetzt und hier. Tat sie aber nicht.« Welch ein Vergnügen, über die kommenden Seiten Mariechen beim Verspeisen von zwei Schlangen, drei Ameisen, vier Piratten, fünf Fledermäusen usw. zuzuschauen. »Jetzt wird sie kotzen, dachten wir. Tat sie aber nicht«, lautet jedes Mal das Resümee. Bis sie schließlich zehn gesunde grüne Erbsen isst – und dann alles auskotzt.

Auch hier können die Bilder zuerst gelesen werden, die einfache wie geniale Struktur des Textes lässt sich sogar selbstständig aufbauen. »Tat sie aber nicht« kann zu einem geflügelten Wort werden, das sich auch in erbaulicheren Situationen einsetzen lässt. Vorlesen verbindet.

SUSANNA WENGELER / MLADEN JANDRLIC ■

MARIECHEN FRASS 'NEN HASEN AUF

Ins Gespräch kommen …

Ulfert Boehme, Psychologe und Kinder- und Jugendtherapeut, arbeitet für die Einrichtung KiD Düsseldorf. Dort betreut er Kinder im Alter von vier bis elf Jahren. Sie leben in einer Wohngruppe, weil sie nicht in ihren Familien bleiben konnten. Alle haben Gewalt erlebt. Können ihnen Bilderbücher helfen?

Wie setzen Sie Bilderbücher bei Ihrer Arbeit ein?
Grundsätzlich sind Bilderbücher eine gute Möglichkeit, um mit Kindern ins Gespräch zu kommen. Darüber hinaus kann ein Bilderbuch auch eine Botschaft für das Kind enthalten – zum Beispiel: »Über mein Problem gibt es ja sogar ein Buch«, oder: »Das Thema betrifft mich nicht allein.«
Aber natürlich kann man sich nicht nur auf das Bilderbuch verlassen. Wichtig ist, dass man beim Vorlesen in einen Kommunikationsprozess eintritt.

Kann man etwas falsch machen bei der Auswahl eines Bilderbuchs?
Mit manchen Kindern in der Wohngruppe arbeite ich schon seit anderthalb Jahren, aber sie machen trotzdem einen Riesenbogen um bestimmte Bilderbücher. Sie ahnen, worum es da geht, und wollen nichts damit zu tun haben. Andere gehen auf ein Bilderbuch, das zum Beispiel sexuellen Missbrauch thematisiert, direkt zu und wollen es anschauen, manchmal auch anderen Erwachsenen und Kindern davon erzählen. In solchen Reaktionen stecken diagnostische Informationen.

Was ist Ihnen wichtig bei der Auswahl von Bilderbüchern?
Jenseits aller pädagogischen Kriterien halte ich es für wichtig, dass ein Bilderbuch auch Erwachsenen Spaß macht bzw. sie berührt. Wenn es mich interessiert, kann ich es ganz anders rüberbringen.
»Indianerjunge Kleiner Mond« zum Beispiel ist eine Geschichte, bei der man auch beim wiederholten Lesen noch einen Kloß im Hals hat: ein Junge, der ohne Familie durch die Welt zieht und einen neuen Stamm sucht, bei dem er bleiben kann. Die Kinder, die in unserer Wohngruppe sind, können oft nicht zurück in ihre Ursprungsfamilien und suchen einen neuen »Stamm«, eine neue Familie oder Ersatzfamilie. Wenn ich denen aus dem »Indianerjungen« oder aus »Sonnenau« von Astrid Lindgren vorlese, dann scheint es ihnen ein wenig Trost zu geben.

Und später kann man es selber lesen

Warum Bilderbücher ein guter Einstieg für Leseanfänger sind

Sich ein Märchen auf der CD anhören oder ein Video anschauen – das gelingt einem Sechsjährigen per Knopfdruck. Lesenlernen dagegen ist zunächst einmal eine höchst mühevolle Angelegenheit: 26 abstrakte Zeichen namens Buchstaben wollen zu Wörtern und Sätzen zusammengefügt werden, die einen Sinn ergeben. »Buchstaben lesen ist in der Evolution nicht vorgesehen«, erklärt der Münchner Hirnforscher Professor Ernst Pöppel, »das Gehirn ist auch nur in den ersten zehn Lebensjahren fähig, so lesen zu lernen, dass man es ohne Anstrengung beherrscht.«

So wie sich das Zeitfenster für die Sprachentwicklung zwischen fünf und acht Jahren schließt, so wird auch die Entwicklung der Lesekompetenz durch eine biologische Uhr begrenzt: Das entsprechende Zeitfenster schließt sich zwischen 13 und 15 Jahren.

Wer sich also der Mühe des Lesenlernens unterzieht, der sollte Lesestoff bekommen, der Lust auf mehr macht. Kinderbuchautor Otfried Preußler rät, man solle auf die Magie scheinbar einfacher Wörter vertrauen: »Wenn ein Kind ›Baum‹ liest, stellt es sich in seinem Kopf zum Beispiel eine prächtige Buche vor, in der die Sonnenstrahlen durch die Blätter schimmern. Das muss ich nicht hinschreiben. Aber ich muss das Wort ›Baum‹ so geschickt verwenden, dass das Kind sich den Rest vorstellt.« Gute Schriftsteller lassen durch ihre Texte Bilder in den Köpfen der Leser entstehen.

Die zahlreichen Erstlesebücher jedoch – so gut wie jeder Kinderbuchverlag hat in den vergangenen Jahren ausgeklügelte Reihensysteme auf den Markt gebracht – sind für Kinder häufig eine Enttäuschung. Die Zutaten sind ein einfacher Text, kleine Wörter, kurze Sätze, leicht lesbare Schrift – in Kombination mit einer guten Geschichte würde ein schmackhafter Kuchen daraus aufgehen. Doch immer wieder bleiben die Geschichten auf der Strecke – es scheint, als hätten all die formalen Vorgaben der Fantasie der Autoren im Weg gestanden. Die Handlung ist dürftig, die Geschichten ähneln sich, und die Kinder wissen auf Seite neun bereits, was auf Seite elf passieren wird.

»Die Masse der Erstlesebücher spricht im wahrsten Wortsinn Bände von den hilflosen Bemühungen der Erwachsenen, diese Stufe für die Kinder besser überwindbar zu machen, oft aber mit kontraproduktivem Erfolg«, konstatierte die FAZ-Kinderbuchkritikerin Monika Osberghaus im März 2004, und an dieser Situation hat sich bis heute nicht viel geändert. Thematisiert werden die erste Klasse, die erste

Zahnspange, der erste Schulausflug – selbst Gespenster, Ritter und Prinzessinnen haben in Erstlesebüchern häufig einen schulischen Hintergrund. Auch wer noch langsam liest, beginnt schnell, sich zu langweilen.

Dabei sind die Abc-Schützen von ihrer Bilderbuchlektüre her anspruchsvolle Inhalte gewohnt. Den Abstieg vom Niveau der Geschichten merken die Kinder rasch: Nicht spannend, urteilen sie dann. Stefan Wendel, Programmleiter des Thienemann Verlags, hat es einmal als Bild formuliert: »Vom Bilderbuch her sind die Kinder ein Fünfgängemenü gewohnt. Und jetzt bekommen sie mit den Erstlesebüchern Tütensuppen serviert.«

Bilder helfen beim Lesen

Die vertrauten Bilderbücher bieten den Abc-Schützen durchaus ein ideales Übungsfeld. Nicht als dünne Bücher für Kleine, sondern als große Bücher für Große, die anspruchsvolle Texte mit Bildern verdient haben. In Deutschland hat sich die Formel »Bilderbücher sind doch nur was für Kindergartenkinder« hartnäckig gehalten, auch wenn sie noch nie gestimmt hat. Was sie alles leisten, haben die vorigen Kapitel bereits erläutert. Dass Bilder für die Lesenlernenden eine große Hilfe sind, haben auch die Erstlesebuchreihen erkannt, bei deren unterster Stufe Bilder einzelne Worte ersetzen.

So wie man beim Essen weiß: Das Auge isst mit, so gilt auch bei Büchern, dass eine gelungene optische Gestaltung zum sinnlichen Lesegenuss beiträgt. »Auf Seiten nur mit Schrift freue ich mich immer schon auf das nächste Bild«, zitiert Lektor Frank Griesheimer die Antwort eines Kindes auf die Frage, was ein Buch schön macht. Illustrationen erleichtern zudem den Einstieg in den Text, geben eine erste Ahnung von der Welt, in die der Leser gleich eintauchen wird. Und Bilder helfen Leseanfängern, einzelne Wörter zu decodieren, sie stärken die Gedächtnisleistung und das Wiedererkennen bestimmter Wörter und Laute.

Die Neurowissenschaften haben gezeigt, dass Lernen ein oft assoziativer Vorgang ist. Informationen werden im Gedächtnis umso wirksamer abgelegt, je leichter sie an Erfahrungen und Vorwissen anknüpfen können. Dass die Bilderbuchgeschichte schon bekannt und durch das Vorlesen bereits gespeichert ist, erleichtert somit die Entschlüsselung der Zeichen.

Ein besonderer Stolz stellt sich ein, wenn Kinder dem jüngeren Geschwisterkind vorlesen können, was einen unweigerlichen Effekt nach sich zieht: Das kleinere Kind möchte das auch bald können. Die nächste Herausforderung sind neue, unbekannte Bilderbücher.

Grundsätzlich sind für Leseanfänger die kurzen Texte in Bilderbüchern geeignet, aber nicht jedes Bilderbuch kommt infrage: Denn nicht nur der Inhalt, auch das Schriftbild muss den Erstlesern entgegenkommen. So sollten die Buchstaben nicht größer als ein Zentimeter sein, am besten 14 Punkt, da das Auge sonst zu häufig seinen Leserahmen abstecken muss. Die Zeilen sollten linksbündig beginnen und nicht länger als etwa neun Zentimeter sein, damit sich das Kind die Textmenge noch merken kann. Der natürliche Sprach- und Atemrhythmus besteht aus zehn bis 14 Silben, die das Gehirn beim Lesen optimal aufnimmt. Sie werden in zwei bis drei Sekunden gesprochen, und in einer winzigen Pause erfasst der Blick die nächste Zeile, die das Gehirn auch wieder in zwei bis drei Sekunden verarbeitet. Günstig ist in Büchern für Leseanfänger ein sogenannter Flattersatz (das Gegenteil des Blocksatzes), der am Ende einer Zeile möglichst wenige Wörter trennt. Professor Peter Conrady, der an der Universität Dortmund Theorie und Didaktik des Lesens und Schreibens unterrichtet, empfiehlt eine Druckschrift, da das Erlesen einer jeden Schreibschrift doppelt so lange dauert – Druckschrift wird heute in den meisten Grundschulen als Einstiegsschrift vermittelt.

DAS ALLERALBERNSTE ABC-BUCH

Buchstaben als Helden

»Das alleralbernste ABC-Buch« von Daniela Kulot weckt den Spaß an Buchstaben und an der Sprache. »Alligator Ali achtet am Abend auf alle armen Angsthasen«, heißt es da, und wir sehen ein Krokodil im Bett liegen, das Hasen Unterschlupf gewährt, die durchs Fenster hereinspringen. Den Buchstaben A finden wir als Bettgestell, als Lampe und als Muster auf der Bettdecke wieder. Oder das I: »Igel Igor ist irgendwie im Irrtum« heißt der Stabreim. Wir sehen einen Igel, der eine Klobürste umarmen

Igel Igor ist irgendwie im Irrtum.

ZEBRA, ZECKE, ZAUBERWORT

möchte, da sie aussieht wie ein Igel von hinten. Durchs Fenster ist ein Hochhaus zu erkennen, das ebenfalls die Form des Buchstabens hat, drei kleine Is spielen miteinander, auf einem Plakat, auf dem Klopapier und auf dem Teppich lässt sich der Buchstabe wiederfinden.

Das Konzept des Abc-Buchs »Zebra, Zecke, Zauberwort« von Jürg Schubiger und Isabel Pin ist eine Stufe komplexer: Jeweils zwei Buchstabenreime lassen sich auf einem Bild entdecken. Zum Beispiel beim E und F: »Elfen sind sehr wohlgestaltet, Echsen irgendwie veraltet« – »Friede, Freude lasst herein, Frust und Furz dagegen: nein.« Das Bild zeigt zum einen eine strickende Echse gemütlich im Baum liegend, auf ihrem Schwanz hat eine Elfe Platz genommen. Zum anderen ist ein pupsendes Ferkel zu sehen, das vergeblich an die Tür eines Hauses klopft, auch der deprimiert aussehende Fuchs muss draußen bleiben. Darüber hinaus entdecken wir einen Esel im Eimer, eine Fliege, ein Feuer und ein Flugzeug. Lange betrachten lässt sich auch das K und das L: »Kauderwelsch ist schwer verständlich, kaud zum Beispiel heißt unendlich.« – »Lügen haben kurze Beine, Lachsforellen haben keine.« – Bei solchen Reimen kommt man mit Kindern rasch ins Gespräch. Hund

und Katze auf diesem Bild haben auffallend kurze Beine, und so fragt man sich, ob die Katze wohl aus Nettigkeit die Lachsforelle trägt, die nicht gehen kann. Eine Tasse Kaffee schwebt über dem Boden, der Hund hat eine Kapitänsmütze auf, im Hintergrund ist ein Tisch voller Kürbisse zu sehen und ein kleines Kind brabbelt unendlich Buchstaben ohne Sinn vor sich hin.

Bei dem Bilderbuch »Die ganze Welt von A bis Zelt« darf man raten: Jede Seite ist einem Buchstaben gewidmet, und es gibt zahlreiche Dinge, Pflanzen, Tiere und Figuren zu entdecken. Beim F etwa sind ein Flügel, Fahrrad, Fliege, Fuß, Feuer etc. zu sehen, und wenn man partout nicht auf einen Begriff kommt, kann man auf den letzten Seiten nachschauen. So verhelfen die vielen Bilder zu einem vergnüglichen Einstieg in die Welt der Buchstaben.

Bilder motivieren

Aber auch Bilderbücher, die andere Helden haben als Buchstaben, eignen sich zum Lesenlernen. Zum Beispiel »Leute«.
Blexbolex, mit bürgerlichem Namen Bernard Granger, zeigt in flächenhaft bunten, scherenschnittähnlichen Formen normale und merk-

DIE GANZE WELT VON A BIS ZELT

LEUTE

würdige Typen mit verschiedensten Attributen. Da steht zum Beispiel auf der linken Seite »EIN NEUGIERIGER« und ein Junge linst durch eine Tür, auf der rechten Seite steht »EIN SPION« mit hochgeschlagenem Mantelkragen und Handy. Die Fantasie ergänzt das Bild, denn eigentlich ist keine Tür zu sehen, nur ein braunes Rechteck. Und wie unterscheidet sich ein Neugieriger von einem Spion? Heimliche Beobachter sind beide.

Sowohl »EINE AKROBATIN« als auch »EIN KLEMPNER« bei der Arbeit verrenken tüchtig ihre Glieder, und wo liegt der Unterschied zwischen einem »ANSTREICHER« und einem »SPRAYER«? Beide bemalen Wände, so wie sich der »BERGMANN« und der »HÖHLENMENSCH« in Höhlen bewegen. Vorlesen kann man dieses Buch schon Kindern ab vier Jahren, ein Leseanfänger kann sich hier dank der klaren Bild-Text-Zuordnung gut erproben.

Die großen Druckbuchstaben eines knappen Texts hat Illustratorin Sabine Wilharm im Bilderbuch »Zum Strand!« in Szene gesetzt. Die Wörter sind über die Seiten verteilt und vier Fröschen namens Lutz, Butz, Mats und Fratz zugeordnet. Allein das Wiedererkennen der kurzen Namen macht Spaß, und beim Sprechen beschränken sich die jungen Frösche auf das Notwendigste: »›Los!‹, sagt Lutz. ›Aber wohin?‹, fragt Butz. ›Da rauf‹, sagt Mats. ›Da rauf?‹, fragt Fratz.«

An einem heißen Sommertag wollen sie zum Strand, strampeln sich ab auf ihrem Tandemfahrrad, verirren sich, sind müde, und bis sie am Meer angelangt sind, ist es dunkel geworden. Macht nichts: Im Mondschein schwimmen ist auch nicht schlecht. Zweitklässler können den einzelnen Worten gut folgen und sind stolz, ein »ganzes« Buch gelesen zu haben. Das motiviert weiterzumachen.

In der Erfurter Studie »Zur Entwicklung von Lesemotivation bei Grundschülern« haben 2005 die Professorin für Literarische Erziehung an der Universität Erfurt, Karin Richter, und ihr Team der Buchillustration besondere Beachtung geschenkt. Für den Eintritt in die literaturästhetische Welt hat sich der Weg für die Leseanfänger über die Illustration zum Text als ungemein günstig erwiesen.

Unterschiedliche Elemente, Figuren und Handlungsstränge sind für die Kinder leichter nachzuvollziehen, weil sie mithilfe der einzelnen Bilder sofort sehen: Da steht der kleine Schneider vor der verschlossenen Tür des Palastes. Dort hinter der Brombeerhecke hat jemand den großen Schlüssel versteckt. Auch wenn es der Schneider noch nicht gleich erkennt: Das Kind weiß es. Damit fällt es Kindern leichter, in das Geschehen einzutauchen. Vieles, was der Text nicht sagt, ergänzt das Bild und bietet so eine Hilfestellung.

ZUM STRAND!

Nicht von schlechten Eltern: Leseförderung mit Comics

Auch bei Comics helfen die motivierenden Bilder bei der Entschlüsselung des Texts. Die Erzählstrukturen sind im Comic oft nicht mehr linear, die Botschaften werden auf verschiedenen Ebenen vermittelt und müssen von Kindern und Jugendlichen in einen Gesamtzusammenhang gebracht werden. Kinder und Jugendliche, die sich mit komplex dargestellten Themen im Mangabereich mit verschiedenen Fantasiewelten und Ebenen beschäftigen, stimmen sich auf eine neue Lesekultur ein, auf eine neue Antizipation von Bild und Text. Und nicht immer sind die Panels und Sprechblasen in der gewohnten Leserichtung von oben nach unten und von rechts nach links angeordnet. So muss die Abfolge von Bild und Text stets aufs Neue überprüft und neu herausgefunden werden – »eine flüchtige, unkonzentrierte Lesehaltung ist für Comiclektüren also gerade nicht geeignet«, urteilt Leseforscherin Andrea Bertschi-Kaufmann, »im Gegenteil: Comicleser leisten viel in den Bereichen des Kombinierens und Konstruierens. Sie werden auf diese Weise mit Geschichten und ihren Strukturen vertraut und dank dieses Geschichtenwissens fällt später auch die Buchlektüre leichter.«

Die »Märchen-Comics« von Rotraut Susanne Berner zum Beispiel eignen sich bestens für frühe Selbstleser. Ob »Froschkönig«, »Hans mein Igel« oder »Frau Holle«: Die Künstlerin schafft es, auf je fünf Seiten die bekannten Stoffe in Bild und Sprechblasen (mit großen Druckbuchstaben) auf den Punkt zu bringen, ohne sie zu entzaubern. Wenn die Prinzessin den Frosch an die Wand pfeffert und dabei ruft: »Jetzt reicht's mir aber!«, oder der Jäger – hier ist es ein Spaziergänger mit Hund – im »Rotkäppchen« das Mädchen und die Großmutter aus dem Bauch des bösen Wolfs herausschneidet und das mit »Na so was« kommentiert, betrachtet Berner bekannte Szenen neu und setzt sie auch sprachlich ins Hier und Jetzt.

Auch Jungen, die sich häufig nach der Grundschule in Sachen Buch ausgeklinkt haben, fangen durch die Comics wieder an zu lesen; es sind die Themen, die Inhalte, die sie neugierig machen, insbesondere Manga liegen bei Jungs im Trend. Leider hat sich an den Diskussionen der 70er-Jahre wenig geändert, in denen kritisiert wurde, dass Kinder bei Comics nur auf die Bilder achten und dann erst recht keine Bücher mehr lesen würden. Comics werden geduldet, wenn die Kinder danach zur Belletristik greifen. Kinder durchschauen diese Sichtweise jedoch schnell, gerade wenn die Eltern zu dem Comic dann noch ein Buch legen.

»Comics sind sicher ein Einstieg in das Lesen, in das Textverständnis«, urteilt die Frankfurter Schulamtsdirektorin Ursula Christ, »aber deswegen kann man nicht erwarten, dass automatisch ein dicker Wälzer folgt.« Es gebe den Trend in Grundschulen, vom Lesebuch wegzugehen und Bücher anzuschaffen, um die Literaturlektüre stärker nach den Interessen der Kinder auszurichten. Statt der Sammlung von kurzen Texten kommen nun ganze Bücher.

»Kinder, die mehr und schwierigere Texte als die in Comics lesen können, verschlingen Comics so am Rande mit«, hat Professor Konrad Umlauf von der Berliner Humboldt-Universität festgestellt.

MÄRCHEN-COMICS

»Aber für nicht wenige Kinder sind Comics das ideale Brückenmedium, an dem sie ihre weniger entwickelten Lesefertigkeiten üben können.«
In Bezug auf die Leseförderung müssen solche Comics ausgewählt werden, die eine gelungene Verknüpfung von Grafik und Text aufweisen, fordert Stefan Trautner, seit 1990 Mitinhaber der 1.000 Quadratmeter großen Buchhandlung Ultra-Comix in der Nürnberger Innenstadt. »Denn ob in Jugendserien im Fernsehen oder in Actionfilmen – die Reduzierung der Sprache nimmt immer mehr zu.«
Trautner beobachtet, dass die Jugendlichen sich austauschen und trauen, Comics zu zeichnen und Geschichten zu schreiben. »Da fängt Literatur an«, meint Trautner und zieht einen Vergleich: Es gebe weitaus weniger computerspielende Jugendliche, die beginnen, selbst Spiele zu programmieren.
Gruppendynamische Prozesse werden jedoch schon viel früher in Gang gesetzt: Bei Comics, die als Serien mit vielen Bänden angelegt sind, bilden sich relativ rasch auf Pausenhöfen, in der Freizeit bei Cosplay-Aktionen, wo Jugendliche mit selbstgeschneiderten Kostümen in die Rolle von Mangafiguren schlüpfen, und im Internet Communities – Mangalesen wird zum Gruppenerlebnis. »Und das mit gedrucktem Papier«, betont Trautner, »das wäre vor 15 Jahren noch unvorstellbar gewesen.« Dass täglich neue Manga-Folgen aber auch auf Handys Erfolg haben können, ist derzeit in Japan zu beobachten.

Mit Bildern hilft sich auch ein Leseanfänger in dem Kinderbuch »Benni und die Wörter« von Carli Biessels. Nachdem Benni wie alle Kinder seiner Klasse einfache Wörter wie »Baum«, »Haus« oder »Laus« gelernt hat, und sogar schon ein paar schwierigere, taucht plötzlich ein Problem auf: »Keiner kam auf den Gedanken, dass ›Schaf‹ eigentlich nicht zu dem lieben Gesicht und den vielen weißen Locken eines Schafes passte. Auch Benni nicht. Doch dann sah er es plötzlich ganz deutlich: Das Wort ›Schaf‹ wollte nicht gelesen werden. Und auch nicht geschrieben. Benni versuchte es noch ein letztes Mal, aber die Buchstaben guckten ihn einfach nicht an.« Am selben Tag noch muss der Junge zum Arzt, wegen seiner Mandeln. Doktor Schwarz sieht aus wie ein Schaf, stellt Benni fest. Und das bringt ihn auf eine Idee: »Als sie das nächste Mal Schreiben hatten, malte Benni den Kopf von Doktor Schwarz eben das Wort ›Schaf‹ in sein Heft. Er erklärte seiner Lehrerin auch, wieso. Seine Lehrerin fand, dass so ein Kopf zwischen lauter Buchstaben ein bisschen unordentlich aussah. Doch als sie hörte, dass Benni das machte, um den Buchstaben auf die Sprünge zu helfen, durfte alles so stehen bleiben.« Mithilfe eines eigenen Bildes setzt Benni seine »Lernsperre« außer Kraft. Sich Bilder im Kopf vorstellen oder selbst zeichnen hilft Leseanfängern bei der Entschlüsselung der Texte.

»Da kann man nichts machen, du musst was tun«, weist ein anderes Buch gleich zu Beginn seinen Leser auf die eigenen Anstrengungen hin. Die Illustrationen von Bernd Mölck-Tassel in »Was tun!?« sind überaus detailreich und enthalten mehr und andere Informationen als der knappe, sachlich gehaltene Text von Dieter Böge.

Eine Besonderheit in diesem Lexikon der Berufe und Tätigkeiten sind kleine Vignetten mitten im Text: Sie sind so platziert, dass sie einerseits dem Lesen lernenden Kind helfen, sich zurechtzufinden und die Bedeutung des einen oder anderen schwierigen Worts schneller zu erraten. Anderseits führen sie das Kind an mögliche Nebenbedeutungen der Wörter heran, indem sie das Wort in einem anderen Zusammenhang zeigen, als der Text das vermuten lässt. Etwa auf der Seite, die übers Lernen informiert: »Manche Bücher sind jedoch so dick, da brauchst du etwas Mut, um anzufangen.« Beim Wort »dick« sieht der Leser aber kein dickes Buch, sondern einen dicken Mann. Und als der Text am Ende des Kapitels darüber aufklärt, dass einem selbst bei dicken Büchern »eigentlich nichts« passieren könne, zeigt die Vignette einen Höhlenmenschen, der im Begriffe ist, einen etwas verdattert dreinschauenden Bären mit der Lanze zu piksen. So kann sich das lesende Kind doppelt freuen: Es hat gesehen, dass dicke Bücher – »eigentlich« – harmlos sind und dass dicke Bären gefährlich leben, wenn sie nicht aufpassen.

Das Spiel funktioniert auch andersherum: Das Kind kann zuerst die zahlreichen Details im großen Bild entdecken und dann mutmaßen, um welche Tätigkeit es im Text gehen wird.

Dann kann es sich von einer Vignette zur nächsten hangeln und weitere Indizien für oder gegen diese Vermutung finden. Wenn es dann den Text liest, wird es sich entweder darüber freuen, dass es das »Rätsel« richtig gelöst hat, oder sich über die Einfälle des Illustrators amüsieren, die es so nicht erwartet hätte.

lernen

Als das Leben noch wild und gefährlich war,
konnte niemand lesen oder schreiben,
und es gab weit und breit keine Schule.
Nirgends.
Dennoch mussten die Kinder etwas lernen.
Feuer machen, zum Beispiel,
Früchte sammeln und Bären jagen.
Sie mussten schlau und mutig sein.
Alles, was die Menschen seitdem erlebt und verstanden haben,
kannst du heute im Museum sehen
und aus dicken Büchern lernen.
Manche Bücher sind jedoch so dick,
da brauchst du etwas Mut, um anzufangen.
Aber passieren kann eigentlich nichts.

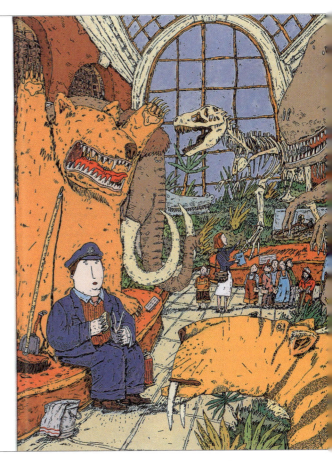

WAS TUN!?

Keine Angst vor Klassikern

Mit Bildern lässt sich zudem früh der großen Weltliteratur begegnen. Kinder, die mit ihrem Bilderbuchrepertoire über genügend Erfahrung mit der Dramatik von Geschichten verfügen und sich jetzt die ersten eigenen Lektüren erschließen, können durchaus Klassiker wie Schillers »Handschuh« oder Kleists »Käthchen von Heilbronn« verstehen, wenn sie vereinfacht, gekürzt und ansprechend illustriert sind. Nur wirklich großartige Geschichten verlieren ihren Reiz auch dann nicht, wenn sie für Leser überarbeitet werden, denen noch mancherlei Hintergrundwissen fehlt, was sie aber mit Unvoreingenommenheit und Neugier spielend wettmachen.

Die Reihe »Weltliteratur für Kinder« aus dem Kindermann Verlag etwa schlägt die wichtige Brücke zwischen dem Bilderbuch zum Vorlesen und klassischer Literatur zum Selberlesen. Das Bilderbuch liefert die Illustrationen, die in einem spannenden Verhältnis zum Text stehen, die klassische Literatur liefert zeitlose Stoffe, erstaunliche Motive, fesselnde Handlungen. Goe-

Doch er schien nur an eines zu denken und bat schnell: »Lass mich noch einmal in den Spiegel sehn! *Das Frauenbild war gar zu schön!*«

»*Nein, nein*«, wehrte Mephisto ab und führte Faust auf die Straße hinaus, »du wirst bald die schönste aller Frauen leibhaftig vor dir sehn.«

Und tatsächlich: Kaum waren sie ein paar Schritte gegangen, da kam ihnen ein junges Mädchen namens Gretchen entgegen, das ganz dem Bild im Zauberspiegel glich. Faust war hingerissen und sprach sie an:

»*Mein schönes Fräulein, darf ich wagen,*
Meinen Arm und Geleit Ihr anzutragen?«

Doch Gretchen senkte verwundert den Blick und antwortete verlegen:
»*Bin weder Fräulein, weder schön,*
Kann ungeleitet nach Hause gehn.«

Sehnsüchtig schaute Faust ihr nach: »*Beim Himmel, dieses Kind ist schön!* Mephisto, du musst mich mit ihr bekannt machen!«

»Nun gut. Ich will dich heute noch in ihr Zimmer führen. Sie wird aber nicht dort sein, sondern ihre Nachbarin besuchen.«

»So besorge mir ein Geschenk, das ich für sie hinterlegen kann«, bat Faust.

An diesem Abend saß Gretchen in ihrem Zimmer, flocht ihre Zöpfe und dachte an die Begegnung mit Faust. Nachdenklich schüttelte sie den Kopf:
»*Ich gäb was drum, wenn ich nur wüsst,*
Wer heut der Herr gewesen ist!

Er hat mir wohl gefallen!« Seufzend stand sie auf und ging hinaus, um ihre Nachbarin zu besuchen. Sogleich schlichen Faust und Mephisto ins Zimmer. Während der Doktor sich freudig in Gretchens ordentlicher Kammer umsah, versteckte Mephisto das Geschenk, ein Kästchen mit Schmuck, in ihrem Schrank. Die Zeit verging Faust wie im Fluge und viel zu bald schon rief Mephisto: »*Geschwind! Ich seh sie unten kommen. Wir müssen fort!*«

Wie staunte Gretchen, als sie wenig später Fausts Geschenk entdeckte! Überrascht rief sie aus: »*Wie kommt das schöne Kästchen hier herein? Gott im Himmel, welch hübscher Schmuck! Mit dem könnt eine Edelfrau am höchsten Feiertage gehn!*« Sie legte sich die Kette um, steckte die Ohrringe an und betrachtete sich verzückt im Spiegel.

FAUST

thes »Faust« etwa hat Barbara Kindermann so stark vereinfacht wie nötig, ohne sich jedoch im Tonfall vom Original zu entfernen. Die eingestreuten Zitate sind behutsam ausgewählt und mit viel Umsicht platziert.

Illustrator Klaus Ensikat zeigt die Vielschichtigkeit der Geschichte von der Suche nach Erkenntnis: Seine Bilder halten die Handlung in der Schwebe, treiben sie nach vorne, ohne sich durch Verniedlichung oder aber karikaturistische Verzerrung am Stoff zu vergreifen. So drückt der durch Mephistos Zauber jünger gewordene Faust in seiner ersten Begegnung mit Gretchen mit seiner Körperhaltung Bewunderung für Gretchens Schönheit aus, sieht aber zugleich – im Widerspruch zum forschen »Mein schönes Fräulein, darf ich wagen ...« – seltsam ungeschickt, fast unschuldig aus. Hinter den Säulen im Hintergrund spähen Passanten – Sinnbild einer bösen Vorahnung der Katastrophe, die hier ihren Anfang nimmt. Mephisto betrachtet die Szene vollkommen ruhig, abgeklärt, sich seiner Sache sicher, während seine dürren, langen Finger wie die Beine einer Spinne wirken, die ihr todbringendes Netz knüpft.

Das Kennenlernen von Stoffen der Weltliteratur bietet eine willkommene Erweiterung der bislang im Bilderbuch geschauten Themenpalette. Auch für fortgeschrittene Leser bedeuten eine Gleichwertigkeit von Bild und Text Motivation und Lesehilfe zugleich. In Brian Selznicks Roman »Die Entdeckung des Hugo Cabret« für Leser ab zehn etwa wechseln sich Bildfolgen mit Textseiten ab und erzählen sich gegenseitig weiter. Gerade noch nicht so sattelfeste Leser werden hier angespornt, denn sie können die 550 Seiten in viel kürzerer Zeit als gewohnt bewältigen – die vielen Bildseiten binden Aufmerksamkeit und schaffen Pausen. So tragen sie gleichzeitig dazu bei, dass der an den bereits gelesenen Seiten gemessene Erfolg sichtbar wird.

Der Trend, auch Jugendromanen Bilder zur Seite zu stellen, die nicht illustrieren, sondern eine eigene Erzählebene bieten, hat sich in den vergangenen Jahren verstärkt. Damit droht der erzählenden Literatur keinesfalls eine Verflachung, wie von einigen Kritikern befürchtet, vielmehr wird sie bereichert.

Noch eindeutiger sind die Bilder in »Die schwarzen Brüder«: Hans ten Doornkaat hat Lisa Tetzners 500-Seiten-Roman über Tessiner Kaminfegerjungen, die aus Not in Mailand für Hungerlohn arbeiten müssen, gekürzt und Hannes Binder fehlende Textstellen höchst eigenständig in Schwarz-Weiß-Bildern weitererzählen lassen. Allein durch die Interpretation der Bilder eröffnen sich beim Leser neue, weiterführende Lesarten.

»Und dann kann man es selber lesen ...« Vor lauter Begeisterung über die Fortschritte eines Kindes, das lesen lernt, und bei allen Ablösungsprozessen, die mit dem Schuleintritt einhergehen: Mit dem Vorlesen sollte man auf keinen Fall aufhören. Das Kind, das sich mächtig angestrengt hat, um das Lesen zu erlernen, möchte weiter mit dem Vorleser in die Welt auch komplizierter zu lesender Geschichten eintauchen, möchte unvermindert die kuschelige Nähe der Vorlesesituation genießen.

Die Zeit, in der man Geschichten teilt, bleibt kostbar. Die gemeinsame Lektüre ist Belohnung für beide: für den Erwachsenen, der dabei immer wieder etwas Neues erfährt, wie für das Kind, das schrittweise die Welt der Buchstaben entdeckt. Denn es weiß jetzt, dass es sich lohnt.

STEFAN HAUCK / MLADEN JANDRLIC ∎

Die Autoren

Nicola Bardola, geboren 1959 in Zürich, studierte Germanistik, begründete die Reihe *Wegweiser durch die internationale Kinder- und Jugendliteratur* (IJB), betreute Buch- und Illustratoren-Ausstellungen und war u.a. Juror beim Premio Sestri Levante H.C. Andersen.
Veröffentlichungen (Auswahl): *Lies doch mal! Die 50 besten Kinder- und Jugendbücher* (2008, cbj), *Bestseller mit Biss – Liebe, Freundschaft und Vampire – Alles über die Autorin Stephenie Meyer* (2009, Heyne).

Stefan Hauck, geboren 1964 in Hofheim am Taunus, studierte Kinder- und Jugendliteratur, Neuere Deutsche Literatur, Kunstpädagogik und Theater-, Film- und Fernsehwissenschaften in Frankfurt am Main. Nach Tätigkeiten in der außerschulischen Jugendbildung, im Kunstunterricht einer gymnasialen Oberstufe und als Leiter des Kindertheaters Main-Taunus arbeitete Hauck in Verlagen. Seit 1997 ist er Fachredakteur beim *Börsenblatt. Wochenmagazin für den Deutschen Buchhandel.* Er ist u. a. Juror bei »Die besten 7« (Deutschlandradio, *Focus*) und »Leselotsen« (*Buchjournal*) und war einige Jahre Jurymitglied beim Deutschen Jugendliteraturpreis.

Mladen Jandrlic, geboren 1959 in Jugoslawien, studierte Germanistik, Hispanistik und Allgemeine Literaturwissenschaft in Zagreb und Münster. Beim Nord-Süd Verlag war er mehrere Jahre als Lektor und Lizenzmanager tätig. 2006 gründete er in Zürich die Literatur- und Lizenzagentur *books&rights*. Er ist Dozent für Übersetzen und Literatur an der SAL, der Schule für Angewandte Linguistik in Zürich. Unter dem Namen Karl Rühmann hat er mehrere Bilderbücher geschrieben.

Susanna Wengeler, geboren 1971 in Düsseldorf, studierte nach der Ausbildung zur Buchhändlerin Germanistik und Allgemeine Sprachwissenschaften in Düsseldorf. Sie arbeitete mehrere Jahre im Kinderbuchladen in Düsseldorf und ist seit 2000 Redakteurin der Fachzeitschrift *BuchMarkt*, wo sie u.a. für den Bereich Kinder- und Jugendbuch zuständig ist.

Der Illustrator

Philip Waechter, geboren 1968 in Frankfurt am Main, studierte Kommunikationsdesign mit dem Schwerpunkt Illustration an der Fachhochschule Mainz, unter anderem bei Professor Albrecht Rissler. Sein erstes Buch veröffentlichte er 1995 im Ellermann Verlag. Philip Waechter lebt heute als freier Grafiker und Illustrator in Frankfurt am Main. 1999 gründete er mit anderen Illustratorinnen und Illustratoren die Ateliergemeinschaft LABOR.

Die Umschlaggestalterin

Moni Port, geboren 1968 an der Mosel, studierte nach einer Ausbildung zur Buchhändlerin Kommunikationsdesign an der Fachhochschule Mainz und am College of Art and Design in Plymouth. Nach ihrem Studiumsabschluss 1998 war sie als Umschlaggestalterin im Eichborn Verlag tätig. Seit Juli 2003 arbeitet sie als freischaffende Illustratorin und Grafikdesignerin in der Ateliergemeinschaft LABOR in Frankfurt am Main.

Mehr zu den Themen Bilderbuch und Leseförderung

www.antolin.de
Antolin ist ein Portal zur Leseförderung von der ersten bis zur zehnten Klasse. Die Schüler lesen ein Buch und beantworten dann interaktive Quizfragen zum Inhalt.

www.avj-online.de
Die Arbeitsgemeinschaft von Jugendbuchverlagen ist der Fachverband für Verlage, die Kinder- und Jugendbücher, aber auch audiovisuelle Medien, Kalender, Buch-Plus-Produkte und vieles mehr für Kinder und Jugendliche herausgeben. Sie produziert verschiedene Kataloge sowie den Flyer »Mit Bilderbüchern wächst man besser«. Unter dem Menüpunkt »Mitglieder« findet man Links zu rund 70 Kinder- und Jugendbuchverlagen in Deutschland, Österreich und der Schweiz.

www.boersenverein.de
Der Börsenverein des Deutschen Buchhandels organisiert u.a. den jährlichen Vorlesewettbewerb für Kinder der sechsten Klasse.

www.bvoe.at
Der Büchereiverband Österreichs vertritt als Dachverband die Interessen der Öffentlichen Bibliotheken und bietet seinen mehr als 3.000 Mitgliedsbibliotheken Service, Beratung und Information. Das Service-Angebot umfasst u.a. mehrere Leseförderungsprojekte.

www.borromaeusverein.de/enid/Leseförderung/Kinder_lieben_Bilderbuecher_jp.html:
borro medien bietet Konzepte, Medienlisten und Aktionsideen zur Leseförderung an.

www.deutschland-liest-vor.de
Die Kampagne will helfen, die Leselust von Kindern und Jugendlichen zu fördern.

www.ifak-kindermedien.de
Das Institut für angewandte Kindermedienforschung (IfaK) ist Teil einer zentralen wissenschaftlichen Einrichtung der Hochschule der Medien Stuttgart (HdM). Beschäftigungsgegenstand sind alle für Kinder und Jugendliche produzierten und von ihnen genutzten Medien.

www.jugendliteratur.org
Der Arbeitskreis für Jugendliteratur richtet den einzigen Staatspreis für Literatur aus: den Deutschen Jugendliteraturpreis, für den jährlich auch sechs Bilderbücher nominiert werden. Außerdem gibt er den 100 Seiten starken Katalog *Das Bilderbuch* heraus, in dem rund 160 Bilderbücher in kleinen Rezensionen vorgestellt werden.

www.kinderbuch-couch.de/bilderbuch.html
Empfehlungen zu aktuellen und auch älteren Bilderbüchern.

www.kindergartenberater.de
Die Lehrkräfte und Schüler der Erzieher-Ausbildung an der Herman-Nohl-Schule in Hildesheim wollen mit dem »Kindergartenberater« ein Serviceangebot für Erzieher im Internet schaffen.

www.kindergartenpaedagogik.de
Die Seite enthält knapp 1.000 Online-Fachartikel zu Fragen der Frühpädagogik und zu zahlreichen Leseförderungsprojekten sowie rund 950 Kurztexte über relevante Bücher.

www.Learn-line.nrw.de
Innerhalb dieses Portals befindet sich das Lesealphabet, das Hinweise dazu gibt, wie im Unterricht mit Büchern gearbeitet werden kann.

www.lehrer-online.de
Lehrerinnen und Lehrer finden hier kostenfreie Informationen und Materialien rund um den Einsatz von Büchern und digitalen Medien im Unterricht.

www.lesefit.at
Eine Initiative der österreichischen Bildungsministerin in Zusammenarbeit mit dem Österreichischen Buchklub der Jugend. Der Bereich »LehrerInnen-Service« (LS) soll eine Leseplattform für Lehrer, Eltern und Lesepädagogen bieten.

www.leselatte.de
Diese Initiative möchte die Umsetzung der Lesefrühförderung auch in den Familien erreichen.

www.lilipuz.de/frcizcit-tipps/buchtipps/bilderbuecher-maerchen/
Die »Radiosendung für Kinder in den besten Jahren« stellt auf WDR fünf Bilderbücher vor.

www.lesequiz.ch
Die Schüler wählen alleine oder gemeinsam mit der Lehrkraft ein Buch mit Lesequizangebot aus und lesen es gemeinsam in der Klasse oder im eigenen Tempo.

www.lesestart.de
Bundesweit läuft die Initiative »Lesestart« für frühkindliche Leseförderung. Sponsoren wie der Ravensburger Buchverlag, Amazon und zahlreiche Betriebe der Druckindustrie haben sich zusammengefunden, um im Rahmen der U6-Untersuchungen über Kinderärzte Informationspakete an Eltern weiterzugeben. Auch auf regionaler Ebene gibt es solche Initiativen.

www.lesetreppe.ch
Das Schweizer Projekt will Schüler wie Lehrer und Eltern animieren, lustvoll zu lesen.

www.schriftlernen.ch
Das Projekt will einen Beitrag zum Verständnis derjenigen Faktoren leisten, die Jugendliche aus Risikogruppen trotz sprachkulturell ungünstiger Verhältnisse zu einer gelingenden literalen Entwicklung führen.

www.schule-bw.de
Der Landesbildungsserver von Baden-Württemberg bietet eine Vielzahl von Ideen rund um das Bilderbuch und die Leseförderung.

www.schulmediothek.de
Diese Webseite versteht sich als Handreichung zur Nutzung und Arbeit in Schulbibliotheken und Schulmediotheken. Die Ziele: Lernen, Freizeitgestaltung und Kommunikation, richten sich an Lehrer, Schüler und Eltern.

www.sikjm.ch
Das Schweizerische Institut für Kinder- und Jugendmedien setzt sich für Leseförderung, Forschung und Dokumentation im Bereich der Kinder- und Jugendliteratur ein.

www.stiftunglesen.de
Die Stiftung Lesen initiiert und begleitet bundesweit Leseförderungsprojekte.

www.zentrumlesen.ch
Das Zentrum Lesen hat das Ziel, Kinder, Jugendliche und Erwachsene in den Bereichen »Verbesserung der Sprachfähigkeiten, Vertiefung des emotionalen Zugangs zur Sprache und Erweiterung des Spektrums sprachlicher Tätigkeiten im Alltag« zu unterstützen.

Bilderbuchkunst live erleben:

www.bilderbuchmuseum.de
Das Bilderbuchmuseum auf Burg Wissem in Troisdorf bietet rund ums Jahr Ausstellungen von Bilderbuchkünstlern sowie Veranstaltungen für Kinder und Erwachsene, verfügt über ein großes Archiv und arbeitet mit der Stiftung Illustration zusammen.

www.ijb.de
Die Internationale Jugendbibliothek in München bietet Ausstellungen, Workshops für Erzieher sowie Veranstaltungen für Kinder. Besonderheiten sind das Binette-Schroeder-Kabinett oder der James-Krüss-Turm.

www.kinderbuchhaus.de
Das Kinderbuchhaus in Hamburg führt regelmäßig Ausstellungen von Bilderbuchkünstlern durch und bietet ein Programm mit zahlreichen Aktionen für Kinder an.

www.lesart.org
Das Berliner Zentrum für Kinder- und Jugendliteratur zeigt Ausstellungen zur Bilderbuchkunst und bietet Veranstaltungen für Kinder und Jugendliche sowie für Vermittler an.

www.buchkinder.de
Der Verein der Buchkinder in Leipzig verwirklicht Buchprojekte mit Kindern bis hin zu Lesungen.

Zeitschriften:

www.1001buch.at
1001 Buch ist eine österreichische Fachzeitschrift zum Thema Kinder- und Jugendliteratur.

www.bjl-online.de
Das *Bulletin für Jugend & Literatur* ist eine monatlich erscheinende Fachzeitschrift zum Thema Kinder- und Jugendliteratur.

www.eselsohr-leseabenteuer.de
Das *Eselsohr* ist eine monatlich erscheinende Fachzeitschrift für Kinder- und Jugendliteratur.

www.revistabloc.es
Bloc ist eine internationale Zeitschrift zur Kinderliteratur, die zweisprachig auf Englisch und Spanisch erscheint.

Die in diesem Buch vorgestellten Bilderbücher

Zum Kapitel: Ein Bilderbuch ist das Tor zur weiten Welt des Lesens
Seite 9

Alle meine Gefühle. Tessloff, 2008, 16 Seiten, ab 6 Monaten
Rotraut Susanne Berner: *Ein Schwesterchen für Karlchen*. Hanser, 2008, 18 S., ab zweieinhalb Jahren
Rotraut Susanne Berner: *Frühlings-Wimmelbuch / Sommer-Wimmelbuch / Herbst-Wimmelbuch / Winter- Wimmelbuch / Nacht-Wimmelbuch*. Gerstenberg, 2003 bis 2008, je 16 S., ab 2 Jahren
Corina Beurenmeister: *Bunte Bilder-Minis. Draußen*. Coppenrath, 2007, 16 S., ab 6 Monaten
Klaus Bliesener/Monika Neubacher-Fesser: *Meine allerersten Bilder*. Ravensburger Buchverlag, 2008, 20 S., ab 6 Monaten
Sonja Bougaeva: *Zwei Schwestern bekommen Besuch*. Atlantis, 2006, 32 S., ab 4 Jahren
Irmgard Eberhard: *Fühl mal!* Ravensburger Buchverlag, 2007, 12 S., ab 4 Monaten
Lucia Fischer/Gabriela Silveira: *Bildwörterbuch Unterwegs*. Carlsen, 2007, 14 S., ab einem Jahr
Die Gegensätze. Aus der Reihe: *Duden – Kennst du das?* Bibliographisches Institut, 2. Auflage 2008, 36 S., ab einem Jahr
Julia Hofmann: *Fingerpuppen-Bücher – Florian, der Frosch*. Carlsen, 2008, Neuauflage mit neuer Illustration, 14 S., ab 3 Monaten
Sigrid Leberer: *Mein kleiner Streichelzoo*. Coppenrath, 1999, 7 Tierapplikationen, ab 3 Monaten
Franziska Lorenz: *Zu groß, zu klein*. Bajazzo, 2007, 26 S., ab 2 Jahren
Ulrich Maske: *Sieh mal! Hör mal! Der Wald*. Ein Bilderbuch mit Geräuschen und Musik. Jumbo, 2007, 16 S., ab 2 Jahren
Mein allererstes Fühlbuch. Ravensburger, 5. Auflage 2009, 8 S., ab 6 Monaten
Mein Gute-Nacht-Kuschelbuch. Ravensburger, 2. Auflage 2008, 8 S., ab 3 Monaten
Mein Körper. Aus der Reihe *Duden – Klapp mal auf!* Bibliographisches Institut, 2008, 12 S., ab einem Jahr
Mein Mäuschen-Spielebuch. Ravensburger, 4. Auflage 2008, 6 S., ab 3 Monaten
Moni Port: *Das kenn ich schon!* Klett Kinderbuch, 2009, ab 2 Jahren
Jens Rassmus: *Der wunderbarste Platz auf der Welt*. Residenz, 2. Auflage 2007, ab 3 Jahren
Peggy Rathmann: *Noch 10 Minuten, dann ab ins Bett*. Gerstenberg, 2004, 40 S., ab 4 Jahren
Thomas Röhner: *Meine kleine Welt*. Coppenrath, 2005, 10 S., ab 4 Monaten
Peter Schössow: *Gehört das so??! Die Geschichte von Elvis*. Hanser, 7. Auflage 2005, 40 S., ab 4 Jahren

Maurice Sendak: *Wo die wilden Kerle wohnen.* (Erstmals 1967) Diogenes, 26. Auflage 2008, 40 S., ab 4 Jahren

Katja Senner: *Mein erstes Wörterbuch.* Ravensburger, 7. Auflage 2009, 20 S., ab einem Jahr

Helmut Spanner: *Ich bin die kleine Katze.* Ravensburger Buchverlag, 38. Auflage 2008, 26 S., ab einem Jahr

Anna-Clara Tidholm: *Klopf an!* Aus dem Schwedischen von Anu Stohner. Hanser, 9. Auflage 1999, 24 S., ab 2 Jahren

Ana Weller: *Drück mich!* Ravensburger Buchverlag, 2008, 12 S., ab 4 Monaten

Zum Kapitel: Ein Bilderbuch ist eine Entdeckungsreise inmitten bunter Bilder
Seite 27

István Banyai: *ein blick zwei blicke.* Sauerländer, 2007, 48 S., ab 5 Jahren

Sonja Bougaeva: *Zwei Schwestern bekommen Besuch.* Atlantis Verlag, 2006, 32 S., ab 3 Jahren

Carl Colshorn/Claudia Carls: *Der verzauberte Topf.* Michael Neugebauer Edition, 2007, 32 S., ab 3 Jahren

Katy Couprie/Antonin Louchard: *Die ganze Kunst.* Gerstenberg, 2. Aufl. 2008, 256 S., ab 5 Jahren

Menena Cottin/Rosana Faría: *Das schwarze Buch der Farben.* Aus dem Spanischen von Helga Preugschat. Fischer Schatzinsel, 2008, ab 3 Jahren

Julia Donaldson/Axel Scheffler: *Der Grüffelo.* Aus dem Englischen von Monika Osberghaus. Beltz & Gelberg, 12. Auflage 2007, 24 S., ab 3 Jahren

Wolf Erlbruch: *Ente, Tod und Tulpe.* Antje Kunstmann, 2007, 32 S., ab 4 Jahren

Jacob Grimm, Wilhelm Grimm/Susanne Janssen: *Hänsel und Gretel.* Hinstorff, 2007, 56 S., ab 7 Jahren

Nikolaus Heidelbach: *Königin Gisela.* Beltz & Gelberg, 2007, 40 S., ab 4 Jahren

Sybille Hein: *Prinzessin Knöpfchen.* Mit 13 Liedern, vertont von Falk Effenberger. Carlsen, 2008, 80 S., ab 5 Jahren

Heinz Janisch/Daniela Bunge, Helga Bansch u. Manuela Olten: *Bärensache.* Bajazzo, 2008, 48 S., ab 4 Jahren

Das kleine Museum. Hrsg. v. Alain LeSaux und Grégoire Solotareff. Moritz, 2. Neuausgabe 2006, 310 S., ab 2 Jahren

Sebastian Meschenmoser: *Herr Eichhorn und der erste Schnee.* Esslinger, 2007, 64 S., ab 3 Jahren

René Mettler: *Die Natur ganz nah und weit weg.* Carlsen, 2006, 48 S., ab 3 Jahren

Shaun Tan: *Ein neues Land.* Carlsen, 2008, 128 S., ab 5 Jahren

Barbara Scholz: *Verflixt, hier stimmt was nicht!* Thienemann, 2007, 32 S., ab 4 Jahren

Philip Waechter: *Rosi in der Geisterbahn.* Beltz & Gelberg, 2006, 32 S., ab 4 Jahren

David Wiesner: *Strandgut.* Carlsen, 2007, 40 S., ab 5 Jahren

Zum Kapitel: Ein Bilderbuch ist wie eine Kiste voller Spielideen
Seite 49

Lucie Albon: *Ein Elefant auf meiner Hand.* Übersetzt von Anke Thiemann. Gerstenberg, 2009, 144 S., ab 3 Jahren
Jutta Bauer: *Die Königin der Farben.* (Erstmals 1998) Beltz & Gelberg, 13. Auflage 2009, 64 S., ab 5 Jahren
Nadia Budde: *Eins Zwei Drei Tier.* Peter Hammer, 1999, 18 S., ab 3 Jahren
Nadia Budde/Jeremy Fitzkee: *One two three me.* Peter Hammer, 2003, ab 3 Jahren
Eric Carle: *Die kleine Raupe Nimmersatt.* (Erstmals 1969) Gerstenberg, 2009 (Moosgummi-Ausgabe), 26 S., ab 3 Jahren
Adelheid Dahimène/Selda Marlin Soganci: *Weitersagen! Schibu halu matei.* Boje, 2007, 32 S., ab 3 Jahren
Heinz Janisch/Selda Marlin Soganci: *Herr Jemineh hat Glück.* NP Buchverlag/Residenz, 2004, 36 S., ab 4 Jahren
Erna Kuik: *Zwei lange, lange Ohren.* Atlantis, 2008, 32 S., ab 4 Jahren
Leo Lionni: *Das kleine Blau und das kleine Gelb.* Aus dem Englischen von Günter Strohbach. (Erstmals 1962) Oetinger, 22. Auflage 2008, ab 4 Jahren
Ulf Nilsson/Eva Eriksson: *Die besten Beerdigungen der Welt.* Aus dem Schwedischen von Ole Könnecke. Moritz, 2006, 40 S., ab 5 Jahren
Isabel Pin: *Ein Regentag im Zoo.* Bajazzo, 2006, 22 S., ab 2 Jahren
Antoinette Portis: *Das ist kein Karton!* Aus dem Englischen von Saskia Heintz. Hanser, 2007, 32 S., ab 4 Jahren
Binette Schroeder: *Laura.* NordSüd, 3. Auflage 2008, 32 S., ab 4 Jahren
Pauline Sebens: *Mal mir mich! Geschichten zur Porträtkunst.* Horncastle, 2007, 60 S., ab 6 Jahren
Antje von Stemm: *Unser Haus!* cbj, 2005, 6 S., ab 4 Jahren
Friedrich Karl Waechter: *Wir können noch viel zusammen machen.* (Erstmals 1973 bei Parabel) Diogenes, 2006, 40 S., ab 4 Jahren

Zum Kapitel: Ein Bilderbuch kann man hundertmal lesen. Und dann noch mal
Seite 67

Gilles Bachelet: *Die irrste Katze der Welt.* Aus dem Französischen von Edmund Jacoby. Gerstenberg, 2007, 24 S., ab 5 Jahren
Gilles Bachelet: *Die irrste Katze der Welt – Wie alles begann.* Aus dem Französischen von Kathrin Jockusch. Gerstenberg, 2009, 32 S., ab 5 Jahren
Antje Damm: *Frag mich!* Moritz, 2002, 224 S., ab 4 Jahren

Antje Damm: *Ist 7 viel?* Moritz, 2007, 96 S., ab 6 Jahren
Antje Damm: *Alle Zeit der Welt.* Moritz, 2007, 96 S., ab 6 Jahren
Daniel Napp: *Dr. Brumm steckt fest.* Thienemann, 2005, 32 S., ab 4 Jahren
Daniel Napp: *Dr. Brumm fährt Zug.* Thienemann, 2008, 32 S., ab 4 Jahren
François Place: *Der König der vier Winde.* Aus dem Französischen von Bernadette Ott. Gerstenberg, 2008, 48 S., ab 5 Jahren
Thé Tjong-Khing: *Die Torte ist weg!* Moritz, 7. Auflage 2009, 32 S., ab 4 Jahren
Thé Tjong-Khing: *Picknick mit Torte.* Moritz, 2008, 32 S., ab 4 Jahren
Edward van de Vendel/Carll Cneut: *Zwei Millionen Schmetterlinge.* Aus dem Niederländischen von Rolf Erdorf. Boje, 2008, 32 S., ab 4 Jahren
Friedrich Karl Waechter: *Da bin ich.* Diogenes, 1997, 40 S., ab 5 Jahren

Zum Kapitel: Ein Bilderbuch lädt dazu ein, die Welt zu begreifen
Seite 81

Wolf Erlbruch: *Ente, Tod und Tulpe.* Antje Kunstmann, 2007, 32 S., ab 4 Jahren
Heike Herold/Shenaaz G. Nanji: *Zwei Ungeheuer unter einem Dach – Mein Opa und ich.* Annette Betz, 2007, 32 S., ab 5 Jahren
Katrina Lange: *Eins und sonst keins.* Fischer Schatzinsel, 2006, 40 S., ab 4 Jahren
Bruno Heitz: *Was ist da passiert?* Gerstenberg, 2008, 32 S., ab 4 Jahren
Tanja Jeschke/Sabine Waldmann-Brun: *Das Wunder von Betlehem.* Gabriel Verlag/Thienemann, 2006, 32 S., ab 4 Jahren
Dagmar Mueller/Verena Ballhaus: *Opa sagt, er ist jetzt Ritter. Vom Leben mit Parkinson.* Annette Betz, 2008, 32 S., ab 5 Jahren
Franz-Joseph Huainigg/Verena Ballhaus: *Meine Füße sind der Rollstuhl.* Annette Betz, 2003, 32 S., ab 4 Jahren

Zum Kapitel: Ein Bilderbuch macht Lust, sich eigene Geschichten auszudenken
Seite 93

Martin Baltscheit/Sybille Hein: *Da hast du aber Glück gehabt!* Fischer Schatzinsel, 2005, 32 S., ab 4 Jahren
Kate Banks/Georg Hallensleben: *Augen zu, kleiner Tiger!* Aus dem amerikanischen Englisch von Susanne Koppe. Moritz, 2008, 32 S., ab 3 Jahren
Maria Blazejovsky: *Emma Pippifilippi.* Jungbrunnen, 1997, 32 S., ab 4 Jahren
Josephine Gebhardt: *Der Wal Sebastian.* Verlag der Buchkinder, 2005, 32 S., ab 5 Jahren

Sven Nordqvist: *Wo ist meine Schwester?* Oetinger, 2008, 32 S., ab 4 Jahren
Gerhard Schöne: *Wenn Franticek niest.* 19 Geschichten zu Bildern seines Sohnes Jona. BuschFunk Musikverlag, 2008, 64 S., ab 5 Jahren

Zum Kapitel: Ein Bilderbuch ist mit Liebe gemacht und hält ein ganzes Leben lang
Seite 103

Selina Chönz/Alois Carigiet: *Schellen-Ursli.* Ein Engadiner Bilderbuch. (Erstmals 1945) Orell Füssli, 26. Auflage 2008, 48 S., ab 4 Jahren
Menena Cottin/Rosana Faria: *Das schwarze Buch der Farben.* Aus dem Spanischen von Helga Preugschat. Fischer Schatzinsel, 2008, 24 S., ab 5 Jahren
Franz Karl Ginzkey: *Hatschi Bratschis Luftballon.* (Erstmals 1904 im Berliner Seemann Verlag, illustriert von M. v. Sunnegg) Wiener Rikola Verlag, illustriert von Erwin Tintner, 1922
Heinrich Hoffmann: *Der Struwwelpeter.* (Erstmals 1845) Nach der Urfassung neu gezeichnet und in Holz geschnitten: Aufbau, 2009, 60 S., ab 5 Jahren
Astrid Lindgren/Ilon Wikland: *Na klar, Lotta kann Rad fahren.* Aus dem Schwedischen von Thyra Dohrenburg. (Erstmals 1972) Oetinger, 26. Auflage 2008, 32 S., ab 4 Jahren
Frauke Nahrgang/Philip Waechter: *Papa in Panik.* Ellermann, 1995, 30 S., ab 5 Jahren
Albert Sixtus/Fritz Koch-Gotha: *Die Häschenschule.* (Erstmals 1924) Esslinger, 1986, 28 S., ab 5 Jahren
Margarete Thiele/Franziska Schenkel: *Was drei kleine Bären im Walde erlebten.* (Erstmals 1923 im Verlag Hans Friedrich Abshagen) Bechtermünz, 1996, 90 S., ab 5 Jahren
Andreas Walter/Fritz Koch-Gotha: *Waldi. Ein lustiges Dackelbuch.* (Erstmals 1930) Esslinger, 1986, 30 S., ab 5 Jahren
Magdalene Wannske/Ernst Kutzer: *Wie Engelchen seine Mutter suchte.* (Erstmals 1927) Esslinger, 1986, 28 S., ab 4 Jahren
Hans Watzlik/Ernst Kutzer: *Firleifanz.* Reichenberg, 1922

Zum Kapitel: Ein Bilderbuch kann man sich vorlesen lassen. Das ist das Schönste!
Seite 115

Winfried Wolf/Nathalie Duroussy: *Indianerjunge Kleiner Mond.* (Erstmals 1992) NordSüd, 8. Auflage 2008, 32 S., ab 5 Jahren
Heinz Janisch/Aljoscha Blau: *Rote Wangen.* Aufbau, 3. Auflage 2006, 32 S., ab 5 Jahren
Mo Willems: *Leonardo will gern schrecklich sein.* Aus dem amerikanischen Englisch von Susanne Koppe. Sauerländer, 2007, 40 S., ab 4 Jahren

Will Gmehling/Barbara Jung: *Oh, Quinxtä!* Carlsen, 2007, 32 S., ab 3 Jahren
Bill Grossman/Dorota Wünsch: *Mariechen fraß 'nen Hasen auf*. Deutsche Verse von Ebi Naumann. Peter Hammer, 2008, 24 S., ab 3 Jahren

Zum Kapitel: Und später kann man es selber lesen
Seite 125

Rotraut Susanne Berner: *Märchen-Comics.* Jacoby & Stuart, 2008, 48 S., ab 4 Jahren
Carli Biessels/Wolf Erlbruch: *Benni und die Wörter. Eine Geschichte vom Lesenlernen.* Aus dem Niederländischen von Hanni Ehlers. Beltz & Gelberg, 3. Auflage 2007, 48 S., ab 5 Jahren
Blexbolex: *Leute.* Jacoby & Stuart, 2008, 208 S., ab 4 Jahren
Dieter Böge/Bernd Mölck-Tassel: *Was tun!?* Bajazzo, 2008, 40 S., ab 5 Jahren
»*Faust*«, *nach Johann Wolfgang von Goethe*. Neu erzählt von Barbara Kindermann, mit Bildern von Klaus Ensikat. Kindermann Verlag, 4. Auflage 2008, 36 S., ab 7 Jahren
Daniela Kulot: *Das alleralbernste ABC-Buch.* Thienemann, 2008, 32 S., ab 5 Jahren
Patricia Lakin/Sabine Wilharm: *Zum Strand!* Carlsen, 2007, 40 S., ab 4 Jahren
Jürg Schubiger/Isabel Pin: *Zebra, Zecke, Zauberwort.* Peter Hammer, 2009, 32 S., ab 5 Jahren
Brian Selznick: *Die Entdeckung des Hugo Cabret.* Aus dem Englischen von Uwe-Michael Gutzschhahn. cbj, 2008, 544 S., ab 9 Jahren
Lisa Tetzner/Hannes Binder: *Die schwarzen Brüder – Roman in Bildern.* (Erstmals 2002) Patmos/Sauerländer, 5. Auflage 2007, 144 S., ab 9 Jahren
Kateryna Yerokhina: *Die ganze Welt von A bis Zelt. Ein Alphabet in Bildern.* Fischer Schatzinsel, 2009, 32 S., ab 6 Jahren

Sekundärliteratur und weiterführende Literatur

Ute Andresen: *Versteh mich nicht so schnell.* Beltz, 1999
Nicola Bardola: *Lies doch mal! Die 50 besten Kinder- und Jugendbücher.* cbt, 2008
Susanne Brandt: *Im Kindergarten Bilderbücher erleben. Anregungen und Vorschläge.* Persen Verlag, 2005
Sabine Baumann (Hrsg.): *Nachts ... Bilderbücher mit allen Sinnen erfassen.* Bundesakademie für kulturelle Bildung, 2001
Klaus Doderer: *Literarische Jugendkultur. Kulturelle und gesellschaftliche Aspekte der Kinder- und Jugendliteratur in Deutschland.* Juventa, 1992
Donata Elschenbroich: *Weltwissen der Siebenjährigen. Wie Kinder die Welt entdecken können.* Antje Kunstmann, 2001
Angela Engelbert-Michel: *Das Geheimnis des Bilderbuchs. Ein Leitfaden für Familie, Kindergarten und Schule.* Brandes & Apsel, 1998
Hans-Joachim Gelberg: *die Worte die Bilder das Kind. Über Kinderliteratur.* Beltz & Gelberg, 2005
Hans Adolf Halbey: *Bilderbuch: Literatur.* Neun Kapitel über eine unterschätzte Literaturgattung. Beltz, 1997
Gudrun Hollstein/Marion Sonnenmoser: *Werkstatt Bilderbuch.* Allgemeine Grundlagen, Vorschläge und Materialien für den Unterricht in der Grundschule. Schneider Verlag Hohengehren, 2. aktualisierte Auflage 2006
Gudrun Hollstein/Marion Sonnenmoser: *100 Bilderbücher für die Grundschule.* Eine Auswahl empfehlenswerter Bilderbücher mit Unterrichtsvorschlägen. Schneider Verlag Hohengehren, 2007
Peter Hunt: *Understanding Children's Literature.* Routledge, 1999
JuLit, Heft 3/04. 30. Jahrgang 2004. Hrsg. vom Arbeitskreis für Jugendliteratur
Wilfried Kain: *Die positive Kraft der Bilderbücher. Bilderbücher in Kindertageseinrichtungen pädagogisch einsetzen.* Beltz, 2006
Kjl & m (Kinder-/Jugendliteratur und Medien in Forschung, Schule und Bibliothek), Heft 07.1. Thema: Bilderbücher. 59. Jahrgang, 1. Vj. 2007, Kopaed
Jörg Knobloch: *So werden Kinder und Jugendliche bessere Leser. Das Lehrerbuch.* AOL-Verlag, 2006
Günter Lange (Hrsg.): *Taschenbuch der Kinder- und Jugendliteratur.* Schneider Verlag Hohengehren, 2005
Wolf-Andreas Liebert/Thomas Metten (Hrsg.): *Mit Bildern lügen.* Herbert von Halem Verlag, 2007
Leo Lionni: *Zwischen Zeiten und Welten.* Middelhauve, 1998
Gundel Mattenklott: *Zauberkreide. Kinderliteratur seit 1945.* J. B. Metzler, 1989

Katrin Müller-Walde: *Warum Jungen nicht mehr lesen und wie wir das ändern können. Mit 50 Lesetipps von Jungs für Jungs.* Campus, 2005
Ruth Oberrauch (Hrsg.): *Appetit auf Lesen. 125 Ideen zum Südtiroler Lesefrühling.* Folio Verlag, 2. Auflage 2007
Monika Osberghaus: *Schau mal! 50 beste Bilderbücher.* dtv, 2006
Hans-Bernhard Petermann: *Kann ein Hering ertrinken? Philosophieren mit Bilderbüchern.* Beltz, 2004
Marcel Proust: *Tage des Lesens.* Insel, 2000
Gianni Rodari: *Grammatik der Fantasie.* Reclam, 2008
Isa Schikorsky: *Schnellkurs Kinder- und Jugendliteratur.* DuMont, 2003
Schweizerisches Institut für Kinder- und Jugendmedien: *Wegweiser zur Leseförderung.* Kontaktstellen, Ideen und Materialien für die Praxis. 2007
Maurice Sendak: *Caldecott & Co. Gedanken zu Büchern & Bildern.* Fischer 1999
Barbara Senckel: *Wie Kinder sich die Welt erschließen. Persönlichkeitsentwicklung und Bildung im Kindergartenalter.* C.H. Beck, 2004
Manfred Spitzer: *Lernen. Gehirnforschung und die Schule des Lebens.* Spektrum Akademischer Verlag, 2009
Jörg Steitz-Kallenbach/Jens Thiele (Hrsg.): *Medienumbrüche. Wie Kinder und Jugendliche mit neuen und alten Medien kommunizieren.* Universitätsverlag Aschenbeck & Isensee, 2002
Stiftung Lesen (Hrsg.): *Vorlesen – kinderleicht! Ein Leitfaden für Vorlesepatinnen und -paten.* Überarbeitete Sonderauflage für das Projekt Leselust im Freistaat Sachsen, Stiftung Lesen, 2003
Gisela Szagun: *Das Wunder des Spracherwerbs. So lernt Ihr Kind sprechen.* Beltz, 2007
Jens Thiele (Hrsg.): *Das Bilderbuch. Ästhetik, Theorie, Analyse, Didaktik, Rezeption.* Isensee Verlag, 2000
Jens Thiele: *Experiment Bilderbuch. Impulse zur künstlerischen Neubestimmung der Kinderbuchillustration.* Bibliotheks- und Informationssystem der Universität Oldenburg, 1997
Jens Thiele (Hrsg.): *Neue Impulse der Bilderbuchforschung.* Schneider Verlag Hohengehren, 2007
Reiner Wild (Hrsg.): *Geschichte der deutschen Kinder- und Jugendliteratur.* J. B. Metzler, 3. Auflage 2008
Wendy M. Williams: *Lesemuffel und Leseratten. Wie Kinder Lust auf Bücher kriegen.* Piper, 1998
Madeleine Willing: *Mein Kind entdeckt das Lesen.* Loewe, 2004
Dieter E. Zimmer: *So kommt der Mensch zur Sprache.* Heyne, aktualisierte Neuauflage 2008

Autorenverzeichnis

Albon, Lucie 61
Bachelet, Gilles 79 f.
Baltscheit, Martin 98 ff.
Banks, Kate 94 f.
Banyai, István 38 f.
Bauer, Jutta 46, 52 ff.
Berner, Rotraut Susanne 12 ff., 24, 28, 132 f.
Biessels, Carli 134
Blazejovsky, Maria 100
Blexbolex 129 f.
Böge, Dieter 134 f.
Bougaeva, Sonja 25, 35 f.
Budde, Nadia 60 f.
Carle, Eric 7, 11, 54 f.
Chönz, Selina 103 ff.
Dahimène, Adelheid 60, 62 f.
Damm, Antje 76 f.
Donaldson, Julia 35
Enzensberger, Hans Magnus 111 f.
Erlbruch, Wolf 35, 46, 90 ff.
Fried, Amelie 104
Friese, Julia 41
Gebhardt, Josephine 101 f.
Ginzkey, Franz Karl 111 f.
Gmehling, Will 122 ff.
Goethe, Johann Wolfgang 47, 135 f.
Grimm, Jacob u. Wilhelm 34 f., 110, 113
Grosche, Erwin 88 f.

Grossman, Bill 123
Härtling, Peter 18
Heidelbach, Nikolaus 35 ff., 46
Hein, Sybille 41, 98 ff.
Heitz, Bruno 86 f.
Hennig von Lange, Alexa 108
Hoffmann, Heinrich 104, 111
Huainigg, Franz-Joseph 90
Janisch, Heinz 18, 28 ff., 117 ff.
Janosch 46
Jeschke, Tanja 88
Kordon, Klaus 113
Kuik, Erna 59
Kulot, Daniela 127 f.
Lange, Katrina 82 f.
Lionni, Leo 46, 52 ff.
Lorenz, Franziska 11 f., 24
Meschenmoser, Sebastian 42 f.
Mettler, René 36
Mueller, Dagmar 89 f.
Nanji, G. Shenaaz 81 f., 84 f.
Napp, Daniel 78 f., 109
Nilsson, Ulf 64 f., 90
Nordqvist, Sven 95 ff.
Pfister, Marcus 87
Pin, Isabel 49, 128 f.
Place, François 67 ff.
Port, Moni 14, 24
Portis, Antoinette 49 ff.
Preußler, Otfried 106, 125
Rassmus, Jens 16 f., 25
Rathmann, Peggy 17 f., 25

Schöne, Gerhard 100
Schössow, Peter 25
Scholz, Barbara 39
Schroeder, Binette 57 f.
Schubiger, Jürg 9, 128 f.
Selznick, Brian 137
Sendak, Maurice 15 f., 25, 28, 34
Spanner, Helmut 23
Stemm, Antje von 56
Tan, Shaun 31 ff.
Tetzner, Lisa 137
Thiele, Margarete 107
Tidholm, Anna-Clara 11, 24
Ungerer, Tomi 46
Vendel, Edward van de 71 ff.
Waechter, Friedrich Karl 46, 65 f., 70 f.
Waechter, Philip 33, 113
Watzlik, Hans 106
Wiesner, David 37 ff.
Willems, Mo 120 f.
Wolf, Winfried 115 ff.

Illustratorenverzeichnis

Albon, Lucie 61
Bachelet, Gilles 79 f.
Ballhaus, Verena 89 ff.
Bansch, Helga 28 ff.
Banyai, István 38 f.
Bauer, Jutta 46, 52 ff.
Berner, Rotraut Susanne 12 ff., 24, 28, 132 f.
Binder, Hannes 137
Blau, Aljoscha 117 ff.
Blazejovsky, Maria 100
Blexbolex 129 f.
Bougaeva, Sonja 25, 35 f.
Buchholz, Quint 107
Budde, Nadia 60 f.
Bunge, Daniela 28 ff.
Carigiet, Alois 103 ff.
Carle, Eric 7, 11, 54 f.
Carls, Claudia 40 f.
Cneut, Carll 71 ff.
Damm, Antje 76 f.
Duroussy, Nathalie 115 ff.
Ensikat, Klaus 135 f.
Eriksson, Eva 64 f., 90
Erlbruch, Wolf 35, 46, 90 ff.
Faría, Rosana 45, 113 f.
Friese, Julia 41
Gebhardt, Josephine 101 f.
Geisler, Dagmar 88 f.
Hallensleben, Georg 94 f.
Heidelbach, Nikolaus 35 ff., 46
Hein, Sybille 41, 98 ff.

Heitz, Bruno 86 f.
Herold, Heike 84 f.
Hoffmann, Heinrich 104, 111
Janosch 46
Janssen, Susanne 34 f.
Jung, Barbara 122 ff.
Konstantinov, Vitali 44
Kuik, Erna 59
Kulot, Daniela 127 f.
Kutzer, Ernst 106
Lange, Katrina 82 f.
Lionni, Leo 46, 52 ff.
Lorenz, Franziska 11 f., 24
Meschenmoser, Sebastian 42 f.
Mettler, René 36
Mölck-Tassel, Bernd 134 f.
Napp, Daniel 78 f., 109
Nordqvist, Sven 95 ff.
Olten, Manuela 28 ff.
Pfister, Marcus 87
Pin, Isabel 49, 128 f.
Place, François 67 ff.
Port, Moni 14, 24
Portis, Antoinette 49 ff.
Rassmus, Jens 16 f., 25
Rathmann, Peggy 17 f., 25
Scheffler, Axel 35
Schenkel, Franziska 107
Schöne, Jonas 100
Schössow, Peter 25
Scholz, Barbara 39
Selznick, Brian 137

Sendak, Maurice 15 f., 25, 28, 34
Soganci, Selda Marlin 60, 62 f.
Spanner, Helmut 23
Schroeder, Binette 57 f.
Stemm, Antje von 56
Tan, Shaun 31 ff.
Tidholm, Anna-Clara 11, 24
Tintner, Erwin 111 f.
Tjong-Khing, Thé 74 f.
Ungerer, Tomi 46
Waechter, Friedrich Karl 46, 65 f., 70 f.
Waechter, Philip 33, 113
Waldmann-Brun, Sabine 88
Wiesner, David 37 ff.
Wilharm, Sabine 130 f.
Willems, Mo 120 f.
Wünsch, Dorota 123

Titelregister

Alle meine Gefühle 22
Alle seine Entlein (Friese) 41
Alle Zeit der Welt (Damm) 77
Augen zu, kleiner Tiger! (Banks/Hallensleben) 94 f.
Bärensache (Janisch/Bansch, Bunge, Olten) 28 ff.
Benni und die Wörter (Biessels/Erlbruch) 134
Bilder suchen – Wörter finden (Brauer) 23
Bildwörterbuch unterwegs (Fischer/Silveira) 23
Bunte Bilder-Minis – Draußen 22
Da bin ich (F. K. Waechter) 70 f.
Da hast du aber Glück gehabt! (Baltscheit/Hein) 98 ff.
Das alleralbernste ABC-Buch (Kulot) 127 f.
Das ist kein Karton! (Portis) 49 ff.
Das kenn ich schon (Port) 14, 24
Das kleine Blau und das kleine Gelb (Lionni) 52 ff.
Das kleine Museum (LeSaux/Solotareff) 47
Das Lumpengesindel (Grimm) 113
Das schwarze Buch der Farben (Cottin/Faría) 45, 113 f.
Das Wunder von Betlehem (Jeschke/Waldmann-Brun) 88
Der Grüffelo (Donaldson/Scheffler) 35, 88
Der König der vier Winde (Place) 67 ff.
Der Regenbogenfisch (Pfister) 87
Der Struwwelpeter (Hoffmann) 104, 111
Der verzauberte Topf (Colshorn/Carls) 40 f.
Der Wal Sebastian (Gebhardt) 101 f.
Der wunderbarste Platz auf der Welt (Rassmus) 16 f., 25

Die besten Beerdigungen der Welt (Nilsson/Eriksson) 64 f., 90
Die Entdeckung des Hugo Cabret (Selznick) 137
Die ganze Kunst (Couprie/Louchard) 47
Die ganze Welt von A bis Zelt (Yerokhina) 129
Die Häschenschule (Sixtus/Koch-Gotha) 104
Die irrste Katze der Welt (Bachelet) 79 f.
Die irrste Katze der Welt – Wie alles begann ... (Bachelet) 80
Die kleine Raupe Nimmersatt (Carle) 7, 11, 54 f.
Die Königin der Farben (Bauer) 52 ff.
Die Natur ganz nah und weit weg (Mettler) 36
Die schwarzen Brüder (Tetzner/Binder) 137
Die Torte ist weg! (Tjong-Khing) 75
Dr. Brumm steckt fest (Napp) 78 f.
Dr. Brumm will's wissen (Napp) 79
Drück mich! (Weller) 22
ein blick zwei blicke (Banyai) 38 f.
Ein Elefant auf meiner Hand (Albon) 61
Ein fremdes Land (Tan) 31 ff.
Ein Regentag im Zoo (Pin) 49
Eins und sonst keins (Lange) 82 f.
Eins Zwei Drei Tier (Budde) 60 f.
Emma Pippifilippi (Blazejovsky) 100
Ente, Tod und Tulpe (Erlbruch) 35, 90 ff.
Faust (Goethe/Ensikat) 135 f.
Firleifanz (Watzlik/Kutzer) 106
Florian, der Frosch (Hofmann) 10
Frag mich! (Damm) 76 f.
Frederick (Lionni) 52
Frühlings-Wimmelbuch (Berner) 12 ff.
Fühl mal! (Eberhard) 21 f.

Gehört das so??! (Schössow) 25
Hänsel und Gretel (Grimm/Janssen) 34 f.
Hatschi Bratschis Luftballon (Ginzkey) 111 f.
Herr Eichhorn und der erste Schnee (Meschenmoser) 42 f.
Herr Jemineh hat Glück (Janisch/Soganci) 63
Ich bin die kleine Katze (Spanner) 23
Indianerjunge Kleiner Mond (Wolf/Duroussy) 115 ff.
Ist 7 viel? (Damm) 77
Kennst du das? Die Gegensätze 23
Klopf an! (Tidholm) 11, 24
Königin Gisela (Heidelbach) 35 ff.
Laura (Schroeder) 57 f.
Leonardo will gern schrecklich sein (Willems) 120 f.
Leute (Blexbolex) 129 f.
Lupinchen (Schroeder) 57
Märchen-Comics (Berner) 132 f.
Mariechen fraß 'nen Hasen auf (Grossman/Wünsch) 123
Mein allererstes Fühlbuch 22
Mein erstes Wörterbuch (Senner) 23
Mein Gute-Nacht-Kuschelbuch 22
Mein kleiner Streichelzoo (Leberer) 22
Mein Körper (Reihe: *Klapp mal auf!*) 23
Mein Mäuschen-Spielebuch 22
Meine allerersten Bilder 22
Meine Füße sind der Rollstuhl (Huainigg/Ballhaus) 90
Meine kleine Welt (Röhner) 22
Na klar, Lotta kann Rad fahren 108
Nacht-Wimmelbuch (Berner) 12 ff.
Noch 10 Minuten, dann ab ins Bett (Rathmann) 17 f., 25
Oh, Qinxtä! (Gmehling/Jung) 122 ff.
Opa sagt, er ist jetzt Ritter (Mueller/Ballhaus) 89 f.

Papa in Panik (Nahrgang/Waechter) 113
Pettersson und Findus (Nordqvist) 97
Picknick mit Torte (Tjong-Khing) 74 f.
Rosi in der Geisterbahn (Waechter) 33
Rote Wangen (Janisch/Blau) 117 ff.
Schellen-Ursli (Chönz, Carigiet) 103 ff.
Sieh mal! Hör mal! Mein Wald (Maske) 11, 24
Strandgut (Wiesner) 37 ff.
Swimmy (Lionni) 52
Unser Haus! (Stemm) 56
Verflixt, hier stimmt was nicht! (Scholz) 39
Vom Peter, der sich nicht waschen wollte 113
Waldi (Walter/Koch-Gotha) 104
Was drei kleine Bären im Walde erlebten (Thiele/Schenkel) 107
Was ist da passiert? (Heitz) 86 f.
Was tun!? (Böge/Mölck-Tassel) 134 f.
Weitersagen! (Dahimène/Soganci) 60, 62 f.
Wenn Franticek niest (Schöne) 100
Wie Engelchen seine Mutter sucht (Wannske/Kutzer) 104
Winter-Wimmelbuch (Berner) 12 ff.
Wir können noch viel zusammen machen (F. K. Waechter) 65 f.
Wo die wilden Kerle wohnen (Sendak) 15 f., 25
Wo ist meine Schwester? (Nordqvist) 95 ff.
Zebra, Zecke, Zauberwort (Schubiger/Pin) 128 f.
Zu groß, zu klein (Lorenz) 11 f., 24
Zum Strand! (Lakin/Wilharm) 130 f.
Zwei lange, lange Ohren (Kuik) 59
Zwei Millionen Schmetterlinge (van de Vendel/Cneut) 71 ff.
Zwei Schwestern bekommen Besuch (Bougaeva) 25, 35 f.
Zwei Ungeheuer unter einem Dach – Mein Opa und ich (Nanji/Herold) 81 f., 84 f.

Bildnachweis

S. 3, 9, 27, 49, 67, 81, 93, 103, 115, 125 aus: *Östlich der Sonne und westlich vom Mond – Die schönsten Kindergeschichten*, hrsg. von Paul Maar, mit Illustrationen von Philip Waechter © 2006 Aufbau Verlag, Berlin. Mit freundlicher Genehmigung durch den Verlag
S. 10 Julia Hofmann: *Florian, der Frosch* © Carlsen Verlag GmbH, Hamburg 2008
S. 11 Foto © Ravensburger Buchverlag, Ravensburg
S. 12 Anna-Clara Tidholm: *Klopf an!* © 1999 Hanser Verlag, München
S. 13 Franziska Lorenz: *Zu groß, zu klein* © 2007 Bajazzo Verlag, Zürich
S. 14 *Frühlings-Wimmelbuch* von Rotraut Susanne Berner © 2004 Gerstenberg Verlag, Hildesheim
S. 15 aus: Maurice Sendak *Wo die wilden Kerle wohnen* Copyright © 1967 Diogenes Verlag AG Zürich
S. 17 Jens Rassmus: *Der wunderbarste Platz auf der Welt* © 2005 Residenz Verlag im Niederösterreichischen Pressehaus Druck- und Verlagsgesellschaft GmbH, St. Pölten – Salzburg
S. 18 *Noch 10 Minuten, dann ab ins Bett* von Peggy Rathmann © 1998 Peggy Rathmann © G. P. Putnam's Sons, Imprint von Penguin Putnam Books for Young Readers, Penguin Putnam Inc., Dt. Ausgabe © 2003 Gerstenberg Verlag, Hildesheim
S. 21 Irmgard Eberhard: *Fühl mal!* © 2005 Ravensburger Buchverlag, Ravensburg
S. 23 *Die Gegensätze.* Aus der Reihe: *Duden – Kennst du das?* © Dorling Kindersley Ltd the Penguin Group, London
S. 29 Manuela Olten aus: *Bärensache.* Text von Heinz Janisch © 2008 Bajazzo Verlag, Zürich
S. 30 Daniela Bunge aus: *Bärensache.* Text von Heinz Janisch © 2008 Bajazzo Verlag, Zürich
S. 31 Helga Bansch aus: *Bärensache.* Text von Heinz Janisch © 2008 Bajazzo Verlag, Zürich
S. 32 from THE ARRIVAL by Shaun Tan. Copyright © Shaun Tan 2006
S. 34 Jacob und Wilhelm Grimm/Susanne Janssen: *Hänsel und Gretel* © 2008 Hinstorff Verlag GmbH, Rostock
S. 36 Sonja Bougaeva, *Zwei Schwestern bekommen Besuch* © 2005 Atlantis, an imprint of Orell Füssli Verlag AG, Zürich
S. 37 Nikolaus Heidelbach, *Königin Gisela* © 2006 Beltz & Gelberg in der Verlagsgruppe Beltz, Weinheim & Basel
S. 38 David Wiesner: *Strandgut* © Carlsen Verlag GmbH, Hamburg 2007
S. 39 Barbara Scholz: *Verflixt, hier stimmt was nicht!* © 2007 Thienemann Verlag, Stuttgart
S. 40, 41 Carl Colshorn/Claudia Carls: *Der verzauberte Topf* © minedition rights & licensings ag, Zürich/Schweiz

S. 43 Sebastian Meschenmoser: *Herr Eichhorn und der erste Schnee* © 2007 Esslinger Verlag, Esslingen

S. 46 Fotos © Bilderbuchmuseum Troisdorf

S. 50 Isabel Pin: *Ein Regentag im Zoo* © 2006 Bajazzo Verlag, Zürich

S. 51 Antoinette Portis: *Das ist kein Karton!* © 2007 Hanser Verlag, München

S. 52 Leo Lionni: *Das kleine Blau und das kleine Gelb* © 1962 Verlag Friedrich Oetinger GmbH, Hamburg

S. 53 Jutta Bauer, *Die Königin der Farben* © 2004 Beltz & Gelberg in der Verlagsgruppe Beltz, Weinheim & Basel

S. 54, 55 Fotos © Andreas Hartmann

S. 56 Antje von Stemm: *Unser Haus!* © 2005 cbj, München

S. 57 *Laura* von Binette Schroeder © 1999 & 2008 NordSüd Verlag AG, Zürich/Schweiz

S. 58 Fotos © Susanna Wengeler

S. 59 Erna Kuik, *Zwei lange, lange Ohren* © 2008 Atlantis, an imprint of Orell Füssli Verlag AG, Zürich

S. 60 Nadja Budde: *Eins Zwei Drei Tier* © 1999 Peter Hammer Verlag, Wuppertal

S. 61 Lucie Albon: *Ein Elefant auf meiner Hand* Copyright © 2002, 2003, 2008 Éditions Glénat, Grenoble. Deutschsprachige Ausgabe © 2009 Gerstenberg Verlag, Hildesheim

S. 62 Adelheid Dahimène/Selda Marlin Soganci, *Weitersagen!* © 2007 Boje Verlag, Köln. Mit kostenloser Genehmigung durch den Verlag

S. 63 Foto © Selda Marlin Soganci

S. 64 aus: Ulf Nilsson/Eva Eriksson, *Die besten Beerdigungen der Welt*. Aus dem Schwedischen von Ole Könnecke © Moritz Verlag, Frankfurt am Main 2006

S. 65, 66 F. K. Waechter *Wir können noch viel zusammen machen* Copyright © 2006 Diogenes Verlag AG Zürich

S. 69 *Der König der 4 Winde* von François Place © 2006 Rue du monde. Deutsche Erstausgabe © 2008 Gerstenberg Verlag, Hildesheim

S. 70 F. K. Waechter *Da bin ich* Copyright © 1997 Diogenes Verlag AG Zürich

S. 72, 73 Edward van de Vendel/Carll Cneut, *Zwei Millionen Schmetterlinge* © 2008 Boje Verlag, Köln. Mit kostenloser Genehmigung durch den Verlag

S. 74 aus: Thé Tjong-Khing, *Picknick mit Torte* © Moritz Verlag, Frankfurt am Main 2006

S. 75 aus: Thé Tjong-Khing, *Die Torte ist weg!* © Moritz Verlag, Frankfurt am Main 2006

S. 76 aus: Antje Damm, *Frag mich! 108 Fragen an Kinder, um miteinander ins Gespräch zu kommen* © Moritz Verlag, Frankfurt am Main 2002

S. 78 Daniel Napp: *Dr. Brumm steckt fest* © 2005 Thienemann Verlag, Stuttgart

S. 79 Gilles Bachelet *Die irrste Katze der Welt* Copyright © 2004 Éditions du Seuil et Crapule! Productions. Deutschsprachige Ausgabe © 2007 Gerstenberg Verlag, Hildesheim

S. 83 Katrina Lange: *Eins und sonst keins* © 2006 S. Fischer Verlag, Frankfurt am Main

S. 85 Heike Herold/Shenaaz G. Nanji: *Zwei Ungeheuer unter einem Dach* © 2007 Verlag Carl Ueberreuter, Wien

S. 86 *Was ist da passiert?* von Bruno Heitz © 2007 Albin Michel © 2008 Gerstenberg Verlag, Hildesheim

S. 89 Erwin Grosche/Dagmar Geisler: *Pass gut auf mich auf. 50 Gute-Nacht-Gebete* © 2004 Thienemann Verlag, Stuttgart

S. 91 Wolf Erlbruch, *Ente Tod und Tulpe* © Verlag Antje Kunstmann GmbH, München 2007

S. 94 aus: Kate Banks/Georg Hallensleben, *Augen zu, kleiner Tiger!* Aus dem Amerikanischen von Susanne Koppe © Moritz Verlag, Frankfurt am Main 2002

S. 95, 96, 97 Sven Nordqvist: *Wo ist meine Schwester?* © 2008 Verlag Friedrich Oetinger GmbH, Hamburg

S. 98, 99 Martin Baltscheit/Sybille Hein: *Da hast du aber Glück gehabt!* © 2005 S. Fischer Verlag, Frankfurt Main

S. 101, 102 Josephine Gebhardt: *Der Wal Sebastian* © 2005 Verlag der Buchkinder, Leipzig

S. 105 Carigiet/Chönz SCHELLEN-URSLI © 1971 Orell Füssli Verlag AG, Zürich

S. 109 Fotos © Daniel Napp

S. 116, 117 *Indianerjunge Kleiner Mond* von Winfried Wolf, illustriert von Nathalie Duroussy © 1992 & 2008 NordSüd Verlag AG, Zürich/Schweiz

S. 118 Heinz Janisch/Aljoscha Blau: Rote Wangen © 2005 Aufbau Verlag, Berlin

S. 120, 121 Mo Willems: *Leonardo will gern schrecklich sein* © Mo Willems/Agency Fogelman

S. 122 Will Gmehling/Barbara Jung: *Oh Quinxtä!* © Carlsen Verlag GmbH, Hamburg 2007

S. 123 Bill Grossmann/Dorota Wünsch: *Mariechen fraß 'nen Hasen auf* © 2008 Peter Hammer Verlag, Wuppertal

S. 127 Daniela Kulot: *Das alleralbernste ABC-Buch* © Thienemann Verlag, Stuttgart

S. 128 Jürg Schubiger/Isabel Pin: *Zebra, Zecke, Zauberwort* © 2009 Peter Hammer Verlag, Wuppertal

S. 129 Kateryna Yerokhina: *Die ganze Welt von A bis Zelt* © 2009 S. Fischer Verlag, Frankfurt am Main

S. 130 Blexbolex *Leute* Copyright © 2008 Albin Michel Jeunesse, Paris. Für die deutsche Ausgabe Copyright © 2008 Verlagshaus Jacoby & Stuart, Berlin

S. 131 Patricia Lakin/Sabine Wilharm: *Zum Strand!* © Carlsen Verlag GmbH, Hamburg 2007

S. 133 *Rotraut Susanne Berners Märchen-Comics* Copyright © 2008 Verlagshaus Jacoby & Stuart, Berlin

S. 135 Dieter Böge/Bernd Mölck-Tassel: *Was tun!?* © 2008 Bajazzo Verlag, Zürich

S. 136 »Faust«, nach Johann Wolfgang von Goethe. Neu erzählt von Barbara Kindermann, mit Bildern von Klaus Ensikat © 2002 Kindermann Verlag, Berlin

Die in diesem Buch verwendeten Illustrationen von Philip Waechter stammen aus der Anthologie *Östlich der Sonne und westlich vom Mond – Die schönsten Kindergeschichten*, herausgegeben von Paul Maar und erschienen 2006 im Aufbau Verlag.

Ergänzende Informationen zum Buch finden Sie unter:
www.mit-bilderbuechern-waechst-man-besser.de

Bardola, Nicola/Hauck, Stefan/Jandrlic, Mladen/Wengeler, Susanna:
Mit Bilderbüchern wächst man besser
ISBN 978 3 522 43631 1

Einbandgestaltung: Moni Port
unter Verwendung der Illustrationen von Philip Waechter
Innentypografie: Marlis Killermann
Schrift: Minion und Providence
Satz: KCS GmbH, Buchholz/Hamburg
Reproduktion: Medienfabrik, Stuttgart
Druck und Bindung: Himmer AG, Augsburg
© 2009 by Thienemann Verlag GmbH, Stuttgart/Wien
Printed in Germany. Alle Rechte vorbehalten.
5 4 3 2 1º   09 10 11 12

www.thienemann.de
www.mit-bilderbuechern-waechst-man-besser.de